Recht verständlich formuliert

Martin Dunkl

Recht verständlich formuliert

Klartext statt Amtsdeutsch –
Rechtstexte zielgruppengerecht
schreiben für Mitarbeiter,
Kunden, Bürger

Martin Dunkl
Pernitz, Österreich

ISBN 978-3-658-33589-2   ISBN 978-3-658-33590-8   (eBook)
https://doi.org/10.1007/978-3-658-33590-8

Die Deutsche Nationalbibliothek verzeichnet diese Publikation in der Deutschen Nationalbibliografie; detaillierte bibliografische Daten sind im Internet über http://dnb.d-nb.de abrufbar.

© Der/die Herausgeber bzw. der/die Autor(en), exklusiv lizenziert durch Springer Fachmedien Wiesbaden GmbH, ein Teil von Springer Nature 2021
Das Werk einschließlich aller seiner Teile ist urheberrechtlich geschützt. Jede Verwertung, die nicht ausdrücklich vom Urheberrechtsgesetz zugelassen ist, bedarf der vorherigen Zustimmung der Verlage. Das gilt insbesondere für Vervielfältigungen, Bearbeitungen, Übersetzungen, Mikroverfilmungen und die Einspeicherung und Verarbeitung in elektronischen Systemen.
Die Wiedergabe von allgemein beschreibenden Bezeichnungen, Marken, Unternehmensnamen etc. in diesem Werk bedeutet nicht, dass diese frei durch jedermann benutzt werden dürfen. Die Berechtigung zur Benutzung unterliegt, auch ohne gesonderten Hinweis hierzu, den Regeln des Markenrechts. Die Rechte des jeweiligen Zeicheninhabers sind zu beachten.
Der Verlag, die Autoren und die Herausgeber gehen davon aus, dass die Angaben und Informationen in diesem Werk zum Zeitpunkt der Veröffentlichung vollständig und korrekt sind. Weder der Verlag, noch die Autoren oder die Herausgeber übernehmen, ausdrücklich oder implizit, Gewähr für den Inhalt des Werkes, etwaige Fehler oder Äußerungen. Der Verlag bleibt im Hinblick auf geografische Zuordnungen und Gebietsbezeichnungen in veröffentlichten Karten und Institutionsadressen neutral.

Planung/Lektorat: Manuela Eckstein
Springer Gabler ist ein Imprint der eingetragenen Gesellschaft Springer Fachmedien Wiesbaden GmbH und ist ein Teil von Springer Nature.
Die Anschrift der Gesellschaft ist: Abraham-Lincoln-Str. 46, 65189 Wiesbaden, Germany

Danksagung

Für die juristische Beratung geht mein Dank an Bernhard Pichler.
Ebenso danke ich:
Werner Doralt, Manfred Glauninger, Stephan Hieber, Thomas Höhne,
Benedikt Lutz, Barbara Tuma und Stefan Winterstein.

Inhaltsverzeichnis

1	**Einleitung**	1
1.1	Warum verständlich schreiben?	1
1.2	Verständlichkeit	3
1.3	Empfängerorientierung	4
1.4	Sprachstil und Corporate Code	4
	Literatur	5
2	**Fachsprachen**	7
2.1	Normenvorstellung in der Fachkommunikation	8
2.2	Rechtssprache	11
2.3	Funktionen der Rechtssprache	13
	2.3.1 Juristische Textsorten nach Funktionen	16
	2.3.2 Möglichkeiten, die Funktionen der Rechtssprache auszudrücken	17
	Literatur	21

3 Verständlichkeit — 23
- 3.1 Das Bemühen um verständliche Rechtstexte — 25
- 3.2 Verständlichkeit als messbare Größe — 28
- 3.3 Die Oppenheimer-Studie: Wer sich kompliziert ausdrückt, ist erfolglos — 29
- 3.4 Gründe für schwere Verständlichkeit der Rechtssprache — 30
  - 3.4.1 Gründe für schwere Verständlichkeit in der Lexik — 31
  - 3.4.2 Gründe für schwere Verständlichkeit in der Syntax — 37
- 3.5 Vorher-Nachher-Beispiele für verständliche Rechtssprache — 45
  - 3.5.1 Einfache, kurze Sätze — 45
  - 3.5.2 Keine Schachtelsätze — 46
  - 3.5.3 Gerundiv und Infinitivkonstruktionen vermeiden — 46
  - 3.5.4 Partizipialkonstruktionen vermeiden — 47
  - 3.5.5 Präpositionalgefüge vermeiden — 47
  - 3.5.6 Verbal- statt Nominalstil — 48
  - 3.5.7 Aktiv statt Passiv — 49
  - 3.5.8 Positiv formulieren — 50
  - 3.5.9 Keine Floskeln oder veraltete Begriffe — 50
- 3.6 Komplizierte Texte recht verständlich transformieren — 51
- 3.7 Übungstexte zur Verständlichkeit — 55
- Literatur — 67

4 Empfängerorientierung — 69
- 4.1 Man kann nicht nicht kommunizieren — 70
- 4.2 Frames — 72
- 4.3 Beispiele für empfängerorientiertes Schreiben — 76
- 4.4 Übungstexte zur Empfängerorientierung — 86
- Literatur — 93

5	**Sprachstil und Corporate Code**	95
	5.1 Corporate Identity	96
	5.2 Corporate Code	97
	5.3 Die 27 Corporate-Code-Marker (CCM)	98
	Literatur	111
6	**Lösungsteil**	113
	6.1 Lösungen zu den Übungen für verständliche Rechtssprache	114
	6.2 Lösungen zu den Übungen für Empfängerorientierung	120
Weiterführende Literatur		125

Über den Autor

Mag. Martin Dunkl ist selbstständiger Corporate-Identity-Berater und Fachbuchautor. Er lehrt an der Höheren Graphischen Bundes-Lehr- und Versuchsanstalt in Wien. Sein Projekt „KlarText – Die Initiative Verständlichkeit" der D.A.S. Rechtsschutz AG wurde 2014 beim Österreichischen Staatspreis für Public Relations in der Kategorie Internal Branding nominiert. Seit 2017 leitet der Autor den Round Table Sprache beim Public Relations Verband Austria (PRVA). Martin Dunkl ist Mitglied des Beirats der Österreichischen Gesellschaft für Rechtslinguistik (ÖGRL).

1
Einleitung

> **Worum geht es?**
> Nicht alle, die beruflich mit Rechtstexten zu tun haben, sind Volljuristen. Für viele sind Rechtstexte schwer verständlich. Das muss nicht sein. Gesetze werden eher befolgt und Verträge eingehalten, wenn sie verstanden werden. Immer mehr Juristinnen und Juristen bemühen sich um Verständlichkeit. Wie können Experten mit Laien kommunizieren? Das erste Kapitel informiert über die drei Säulen moderner Rechtssprache: Verständlichkeit, Empfängerorientierung und wiedererkennbarer Schreibstil (Corporate Code).

1.1 Warum verständlich schreiben?

Als Juristin oder Jurist schreiben Sie täglich. Sie verfassen unterschiedliche Textsorten, abhängig davon, ob Sie in einem Unternehmen arbeiten, in einer Behörde, Anwaltskanzlei, bei Gericht oder an einer Universität. Sie formulieren Bescheide, Gutachten, Klagen, Verträge, Unterrichtsskripte, Fachartikel oder Folien für Vorträge. Und sehr wahrscheinlich korrespondieren Sie mittels E-Mail und SMS. Vielleicht verfassen Sie sogar Tweets und Blogeinträge. Sprache ist also ein wichtiges Werkzeug für Sie.

Nicht immer kommunizieren Sie mit Juristen[1]. Sie richten Ihre Texte an Dialogpartner mit unterschiedlichen juristischen Kenntnissen: Mandanten, Prozessparteien, Behörden, Anwälte, Richter, Staatsanwälte, Versicherungen, Banken, NGOs, Politiker, Journalisten oder Studierende. Und immer haben Sie ein Ziel und möchten mit Ihrem Schreiben etwas erreichen. Zum Beispiel soll die Reputation eines Mandanten vor Beschädigung geschützt werden, ein Verhandlungspartner soll einem strittigen Vertragspunkt zustimmen oder Sie müssen fehlende Unterlagen einfordern.

Der Rechtshistoriker und Mitautor des Deutschen Rechtswörterbuchs, Eberhard von Künßberg (1881–1941), befand bereits zu Beginn der 1930er Jahre: „Ist die Rechtspflege ohne sorgfältige Sprachpflege eigentlich nicht zu denken, jedenfalls nicht ohne fortwährende Berücksichtigung von Sprachgebrauch und Wortbedeutung, so ist selbstverständlich das Rechtsstudium erst recht ein Stümpern, wenn es nicht auch von Sprachverständnis, Sprachgefühl und Liebe zur Sprache unterstützt wird. Nur wo zur guten juristischen Schulung auch ein gewisses Sprachgefühl hinzutritt, sind tüchtige juristische Leistungen möglich." (von Künßberg 2017, S. 44).

Auch in jüngerer Zeit beschäftigen sich Juristen mit Fragen der Verständlichkeit und des Sprachstils. In Ihrem Studium haben Sie wahrscheinlich von Fritz Schönherrs Buch „Sprache und Recht" (Schönherr 1985) gehört und von Tonio Walters „Kleine Stilkunde für Juristen" (Walter 2017). Der Finanzrechtler Werner Doralt stellt seinen Werken zum Steuerrecht eine „Kleine Stilkunde" voran. Der Jurist Peter Bydlinski forscht an der Universität Graz zum Thema „Modernisierung des ABGB, vor allem in sprachlicher Hinsicht (ABGB in Klarsprache)" (Universität Graz 2021).

Werden Sie von Ihren Korrespondenzpartnern immer richtig verstanden? Können Sie sich sicher sein, Ihr Gegenüber für Ihr Anliegen

---

[1]Aus Gründen der besseren Lesbarkeit wird in diesem Buch auf die gleichzeitige Verwendung der Sprachformen männlich, weiblich und divers verzichtet. Sämtliche Personenbezeichnungen gelten natürlich gleichermaßen für alle Geschlechter.

zu gewinnen? Um präzise und gesetzeskonform zu formulieren, bedienen Sie sich der juristischen Fachsprache. Dabei sind viele Ihrer Formulierungen vermutlich unnötig kompliziert, weil Sie es so gelernt haben und es so gewohnt sind.

Dieses Buch beschäftigt sich vor allem mit der Transformationssprache, also mit Texten von Experten für Laien. Auch innerhalb der Transformationssprache gibt es weitere Abstufungen. Laien können mehr oder weniger Fachwissen haben. Das Spektrum reicht von der Universitätsprofessorin einer nichtjuristischen Fakultät bis zum Hilfsarbeiter mit geringem Bildungshintergrund. Aber auch als Verfasser von Fachtexten profitieren Sie von diesem Buch: Ihre Fachtexte sind wirkungsvoller, wenn Sie die Regeln der Verständlichkeit und der Empfängerorientierung einhalten.

Fachsprachen, wie die der Medizin, der IT, der Linguistik oder der Rechtswissenschaften, ermöglichen klare Kommunikation unter Fachleuten. Komplexe Sachverhalte werden mit normierten Fachbegriffen präzise und kurz benannt. Trotzdem hat das „Juristendeutsch" einen schlechten Ruf. Schuld daran ist nicht die Fachterminologie (Fachwörter kann man in Klammer gesetzt erläutern oder in einem Glossar), sondern die strukturelle Unverständlichkeit, zum Beispiel durch viel zu lange Sätze mit mehreren Nebensätzen. Wie Fachsprachen funktionieren, wird in Kap. 2 behandelt.

1.2 Verständlichkeit

Erfolgreiche Rechtssprache ruht auf drei Säulen. Als erste Säule fungiert die Verständlichkeit. Sie ist die Voraussetzung für gelingende Kommunikation. Es gibt genügend sprachliche Mittel, mit deren Hilfe Sie eine schwierige Materie verständlich machen können, ohne zu simplifizieren. Verständlichkeit lässt sich messen. Komplexe Algorithmen berechnen zum Beispiel den Hohenheimer Verständlichkeitsindex eines Textes.

Manche Juristen sind der Meinung, Laien mit unverständlichem Fachjargon beeindrucken zu können. Dieser Schuss kann aber auch nach hinten losgehen. Eine Studie der amerikanischen Universität

Princeton kam zum Ergebnis, dass Autoren von unnötig komplizierten Texten für weniger intelligent gehalten werden. Autoren von gut verständlichen Texten werden dagegen für intelligenter gehalten (Oppenheimer 2005, S. 139–140). Kap. 3 zeigt auf, welche Faktoren die Verständlichkeit behindern und welche sie fördern.

1.3 Empfängerorientierung

Die zweite Säule erfolgreicher Rechtssprache ist die Empfängerorientierung. Rücken Sie Ihr Gegenüber in den Mittelpunkt, versetzen Sie sich in seine Situation und beschreiben Sie einen Sachverhalt aus der Sicht des Empfängers.

Eine sprachliche Mitteilung ist nie eindeutig. Jede Aussage hat mehrere Aspekte, deshalb ist es notwendig, „zwischen den Zeilen" zu lesen. Nehmen Sie zum Beispiel die Korrespondenzfloskel: *Hiermit teilen wir Ihnen mit ...* Was steht hier zwischen den Zeilen? *Wir sind dir überlegen, du bist uninformiert, nimm das hin und melde dich nicht noch einmal!* Viel freundlicher klingt es dagegen so: *Bitte beachten Sie, ...*

Wenn Sie zwischen den Zeilen lesen können, erkennen Sie versteckte Motive Ihres Dialogpartners und können direkt darauf reagieren. In Kap. 4 erfahren Sie, wie Sie durch Achtsamkeit und Einfühlung Ihre Adressaten überzeugen können.

1.4 Sprachstil und Corporate Code

Das letzte Kapitel behandelt die dritte Säule erfolgreicher Kommunikation: den angemessenen Sprachstil. Ich habe eine Methode für Unternehmenssprache entwickelt, die diese drei Säulen vereint und zu einem wiedererkennbaren Sprachstil führt: Corporate Code (vgl. Dunkl 2015). Nicht nur Einzelpersonen haben einen individuellen Sprachstil, auch Unternehmen und Organisationen können einen zu ihnen passenden und wiedererkennbaren Sprachstil entwickeln (Wobei der Sprachstil in Gesetzen, Urteilen und Bescheiden kaum eine Rolle spielt, denn dort sollen Themen abstrahiert vom Autor behandelt werden). Im Corporate Code steuern sogenannte Corporate-Code-Marker (CCM) den spezifischen Sprachstil einer Organisation. Die CCM sind Stil-Erkennungsmerkmale. Zum Beispiel definiert ein CCM, welche Grußformeln in der Korrespondenz verwendet werden, während ein anderer CCM definiert, ob der eigene Organisationsname immer in Versalien oder in Groß- und Kleinschreibung zu setzen ist. Auch grammatische Eigenschaften, wie das Ausmaß von Nominalstil oder Passivformen, werden in den CCMs definiert.

Ein unverwechselbarer Schreibstil ist nicht nur für Unternehmen vorteilhaft, sondern auch für Verwaltungseinrichtungen, Organisationen, Behörden und Anwaltskanzleien. Rechtsanwaltsfirmen nutzen heute das gesamte Instrumentarium des Marketing und der Public Relations. Aber auch Behörden, Staatsanwaltschaften und Gerichte bemühen sich vermehrt um Verständnis in der Öffentlichkeit. Der Sprachstil von Juristinnen und Juristen darf sich in einer modernen Gesellschaft nicht durch veraltete Floskeln auszeichnen. So wie das Corporate Design mittels Logo und Firmenfarben für einen einheitlichen optischen Auftritt sorgt, sorgt der Corporate Code durch Sprachstilregelungen für einen einheitlichen und adäquaten sprachlichen Ausdruck, egal ob Anwaltskanzlei oder Behörde.

Befolgen Sie die drei einfachen Grundsätze: Verständlichkeit, Empfängerorientierung und angemessener Sprachstil. Dann werden Sie mit Ihren Rechtstexten Ihr Ziel erreichen!

Literatur

Dunkl M (2015) Corporate Code – Wege zu einer klaren und unverwechselbaren Unternehmenssprache. Springer Gabler, Wiesbaden

Oppenheimer DM (2006) Consequences of erudite vernacular utilized irrespective of necessity: problems with using long words needlessly. Appl Cogn Psychol 20:139–156 published online 31 October 2005 in Wiley InterScience. https://onlinelibrary.wiley.com/doi/abs/10.1002/acp.1178. Zugegriffen: 26. Febr. 2021

Schönherr F (1985) Sprache und Recht. Manz, Wien

Universität Graz (2021) Das Klarsprache-Konzept. https://abgb-modernisierung.uni-graz.at/de/informationen/das-klarsprache-konzept/. Zugegriffen: 3. März 2021

von Künßberg E (2017) Die Entwicklung der deutschen Rechtssprache. Nomos, Baden-Baden

Walter T (2017) Kleine Stilkunde für Juristen. München, Beck

2

Fachsprachen

> **Worum geht es?**
> Das zweite Kapitel untersucht die Besonderheit von Fachsprachen. Fachsprachen sind für Experten notwendig, um komplexe Sachverhalte eindeutig zu benennen. Für Laien sind sie zwar schwer verständlich, erfüllen aber deren Normenerwartung. Die Hauptverantwortlichen für schlechte Verständlichkeit sind der Nominal- und der Passivstil sowie Schachtelsätze. Die Rechtssprache wird in die Kategorien Fachsprache, Transformationssprache und Umgangssprache eingeteilt. Alle Kategorien erfüllen jeweils eine der vier Funktionen: Recht, Verbot, Gebot oder Information.

Bei einer Fachsprache handelt es sich streng genommen nicht um eine eigene Sprache, sondern um einen „Soziolekt". Man spricht auch von „Jargon" (französisch ursprünglich für „unverständliches Gemurmel", lautmalerisch für „gurgelndes schmatzendes Geräusch". „Gargoter" bedeutet „schlürfen und schmatzend fressen", „Gargote" ist eine billige Kneipe, Spelunke). Ein schönes Bild für aufgeblasene und verkomplizierte Fachsprache!

Der Rechtswissenschaftler Nikolaus Forgó schreibt: „Nicht das unwichtigste Ziel, das es durch das Abgeben juristisch konnotierter

Sprechakte zu erreichen gilt, ist es nämlich, sich als Jurist ‚zum Ausdruck zu bringen', indem man sich ‚juristisch' ausdrückt, und derart mit souveräner Geste einen möglichst hohen Grad an Selbstständigkeit zu erreichen." (Forgó 1997, S. 28).

2.1 Normenvorstellung in der Fachkommunikation

Die Linguistin Maria Mushchinina forscht zum Thema Fachkommunikation. Sie untersuchte, „welche Eigenschaften der Fachtexte für ihre Nutzer konstitutiv sind und die Wahrnehmung eines Textes als Fachtext begründen." (Mushchinina 2017, Umschlagtext). In mehreren Studien fand sie heraus, dass Fachleute hinsichtlich des Sprachstils bestimmte Erwartungen an einen Fachtext haben.

Die Probanden teilten sich in zwei Gruppen: „Fachexperten und Personen, die nicht regelmäßig in ihrem Berufsalltag mit dieser Textsorte arbeiten." (Mushchinina 2017, S. 331) Sie beobachtete, „dass vor allem fachinterne Probanden deutliche Normenvorstellungen von den Eigenschaften der Normtexte haben, die sie als [zu] bevorzugende wahrnehmen. Auf lexikalischer Ebene ist das die Kürze der Begriffsversprachlichung, auf der morphosyntaktischen Ebene der nominale Stil (realisiert durch einen hohen Anteil an Nominalisierungen) und auf der visuellen Ebene (also der äußeren Gestaltung der Informationsstruktur) eine klare Strukturierung der Information durch Absätze und Nummerierung." (Mushchinina 2017, S. 352) – Allerdings ist diese Formulierung ein Musterbeispiel für unnötig komplizierte Formulierungen.

Beiden Probandengruppen wurden Vertragstexte vorgelegt, in denen alle Nominalisierungen durch Verbalkonstruktionen ersetzt worden waren. Die Probanden wurden in einer ersten Versuchsstufe aufgefordert, den Vertragstext zu verbessern. In einer zweiten Stufe mussten sie die fachliche Eignung der jeweiligen Vertragstexte beurteilen. Danach wurden die beiden Probandengruppen aufgefordert, einen Fachartikel zu beurteilen und aktiv zu verbessern. „Als Schlüssfolgerung lässt sich festhalten, dass die Normenvorstellung bezüglich der Funktion des Vertrags als einer stark konventionalisierten Textsorte (…) die Normvorstellung vom sprachlichen Stil dieser Textsorte wesentlich bestimmt, weswegen beide Probandengruppen den nominalen Stil deutlich bevorzugten. (…) Handelt es sich dabei um eine weniger konventionalisierte Textsorte (wie hier den Fachartikel), so werden die Änderungen als wenig relevant empfunden (..), auch wenn in der sprachlichen Praxis (…) der Nominalisierungsgrad dieser Texte ebenfalls sehr hoch ist." (Mushchinina 2017, S. 331) Einfach ausgedrückt heißt das: Fachtexte scheinen glaubwürdiger, wenn sie besonders viele Nominalisierungen aufweisen.

Was bedeutet das für die Verständlichkeit von Rechtstexten? Im Kapitel über die Verständlichkeit werden wir sehen, dass Nominalisierungen in der Kommunikation zwischen Fachleuten ihren Wert haben, indem sie komplexe Inhalte auf einen kurzen Nenner bringen. In Experimenten hat der Psychologe Daniel Oppenheimer jedoch nachgewiesen, dass Autoren komplizierter Fachtexte schlechter beurteilt werden als Autoren gut verständlicher Fachtexte (Oppenheimer 2006).

Die Studien von Maria Mushchinina scheinen den Erkenntnissen von Oppenheimer zu widersprechen. Aber Mushchinina untersuchte fachsprachliche Texte (Experten an Experten). Wir hingegen konzentrieren uns auf die Transformationssprache (Experte an Laien). Unter dem Gesichtspunkt der Verständlichkeit müssen Texte der Rechtssprache weitgehend von Nomen befreit werden – Verbalstil statt Nominalstil. Unter dem Gesichtspunkt der stilistischen Wirkung darf die Rechtssprache umso mehr Nominalisierungen aufweisen, je höher der fachsprachliche Anspruch der jeweiligen Textsorte ist. Auch innerhalb der Transformationssprache gibt es Abstufungen. Eine klare Trennung zwischen Fachsprache und Transformationssprache ist nicht möglich. Ein Strafbefehl oder eine Baugenehmigung darf mehr Nominalisierungen enthalten als zum Beispiel ein Testament. Je weniger Fachbildung Empfänger haben und je weniger normativen Charakter eine Rechtstextsorte hat, desto verständlicher können und sollen Juristinnen und Juristen formulieren.

Ein weiterer Faktor für schwere Verständlichkeit von Fachtexten ist der exzessive Gebrauch des Passivs. Einerseits verdeckt das Passiv die Autorschaft, andererseits ist es unpersönlich und wirkt daher unsympathisch. In Gesetzestexten ist das Passiv notwendig, da hier nicht eine einzelne Person Normen definiert, sondern das Gesetz Ausdruck eines höheren Willens ist, nämlich der gewählten Volksvertretung, des Gesetzgebers.

Auch in Behördenschreiben ist die Passivform normalerweise unvermeidbar, denn die Autorin oder der Autor soll anonym bleiben.

a) *Der Antrag wird abgelehnt.*
b) *Ich lehne den Antrag ab.*

In der Passivform a) vollzieht ein Beamter, der eine Ablehnung erteilt, die Gesetze als anonymes Mitglied der Exekutivgewalt. In der Aktivform b) sieht es so aus, als ob er nach seinem Ermessen entscheiden könne und persönlich dafür verantwortlich sei.

Qualität von Fachsprachen
Fachsprachen erleichtern die fachliche Kommunikation unter Fachleuten. Dazu tragen mehrere Qualitätskriterien bei:

- Deutlichkeit (Eindeutigkeit und Präzision)
- Verständlichkeit (nachvollziehbare Darstellung)
- Ökonomie (effiziente Darstellung)
- Anonymität (kein Rückschluss auf Persönlichkeit des Verfassers)
- Identitätsstiftung (zum Fachbereich gehörig, fachlicher Usus) (vgl. Mushchinina 2017, S. 48 f.)

Die Linguisten sind sich allerdings einig, dass alle fünf Kriterien unvereinbar sind. Vor allem das Qualitätskriterium Verständlichkeit steht im Gegensatz zur Ökonomie. Ein komplexer Sachverhalt lässt sich verständlich nur in mehreren Sätzen oder Nebensätzen auf Kosten der Effizienz darstellen.

Je höher der fachsprachliche Anspruch, desto:

- weniger sprachlicher Spielraum
- mehr eindeutiger Wortsinn (Fachtermini)
- mehr Passivsätze
- mehr Nominalisierungen
- längere Sätze
- mehr Schachtelsätze
- mehr Fachtermini
- niedriger der Wert in Verständlichkeitsindizes

Linguisten unterteilen die Fachsprache in unterschiedliche Schwierigkeitsklassen. Der Sprachwissenschaftler Thorsten Roelcke von der Technischen Universität Berlin hat den Forschungsschwerpunkt Fachsprachen. Von ihm stammt eine komplexe Klassifikation, welche die Vielfalt und Vielzahl von verschiedenen Fächern erfasst (vgl. Roelcke 2019). Grundsätzlich kann man die Fachsprachen in drei große Kategorien einteilen:

> **Fachsprachen-Klassifikation**
> - **Theoriesprache**
>   Sprache unter Experten auf der Ebene fachlicher Grundlagen
> - **Praxissprache**
>   Sprache unter Experten auf der Ebene fachlicher Umsetzungen
> - **Transformationssprache**
>   Sprache unter Experten und Laien auf der Ebene fachlicher Vermittlung

2.2 Rechtssprache

Für Rechtstexte schlage ich die folgende Klassifikation vor:

- Fachsprache: Jurist an Jurist
- Transformationssprache: Jurist an Laien („Recht verständlich", „Klartext")
- Umgangssprache: Laien an Laien, aber mitunter auch Jurist an Laien

> **Beispiele**
>
> **Fachsprache:**
> *Bei Nichtvorliegen einer anderslautenden vertraglichen Bestimmung …*
>
> **Transformationssprache:**
> *Wenn es nicht anders vertraglich geregelt ist …*
>
> **Umgangssprache:**
> *Wenn es nicht anders im Vertrag steht …*
>
> oder:
> *Wenn nichts anderes vereinbart ist …*

Zu jeder geschriebenen Rechtssprachenklasse gibt es jeweils auch eine mündliche Variante. Die Klasse der Rechtssprache, die uns hier interessiert, ist die Transformationssprache. Aber auch die Fachsprache, insbesondere in der Legistik, kann von den Erkenntnissen der Verständlichkeitsforschung profitieren. Da in Rechtstexten, die sich an Laien richten, häufig Gesetze zitiert oder paraphrasiert werden, lohnt es sich, bereits Gesetzestexte verständlich zu formulieren.

Spricht man über die juristische Fachsprache, denkt man zunächst an die Terminologie, also an die Fachbegriffe. Aber auch Schachtelsätze, Nominalstil und Passivstil tragen zum schlechten Image der Rechtssprache bei. In Werken über die Rechtssprache wird darauf hingewiesen, dass zwischen Gesetzestermini und Fachtermini in Amts- oder Verwaltungssprache unterschieden werden muss. Da die Verwaltungssprache auf den Gesetzen fußt und auf Rechtliches verweist, kommt es naturgemäß zu Überschneidungen (vgl. Busse 1988, S. 24–47).

Ein juristischer Text hat die Aufgabe, gesellschaftliche Verhältnisse zu regeln. „Diese Funktion – und nicht der Inhalt oder sprachliche Form – konstituieren den Rechtstext als solchen." (Mushchinina 2017, S. 203) Juristische Textsorte kann ein Gesetz sein, ein Strafbefehl, ein Mietvertrag oder die Begründung eines Urteils. Auch das handschriftliche Testament der Großmutter ist ein juristischer Text. Manchmal wird sich der juristische Text eng an den jeweiligen Gesetzestext halten, und manchmal muss der Text gewisse juristische Unschärfen aufweisen, damit er für Laien verständlicher wird.

2.3 Funktionen der Rechtssprache

Juristische Texte haben unterschiedliche Funktionen. In der Linguistik ist das etablierte Modell der Textfunktionen wohl jenes von Klaus Brinker (Brinker 2014, S. 101–102). Es definiert die Textfunktionen nach den pragmatischen Handlungswerten. Unterschieden werden die fünf Grundfunktionen:

- Information
- Appell
- Obligation (Selbstverpflichtung)
- Kontakt (soziale Funktion)
- Deklaration

Eine weitere Funktion wird bei Wikipedia genannt: „Fixierung von Normen, beispielsweise in Gesetzestexten" (vgl. Wikipedia 2019).

Der Rechtshistoriker Eberhard von Künßberg (1881–1941) teilte die Rechtssprache in elf verschiedene Arten ein:

- Gesetzessprache
- Urkunden- und Kanzleisprache
- Richterliche Aussprüche und Entscheidungen
- Mündliche Rede
- Verwaltungssprache
- Diplomatensprache
- Sprache der Wissenschaft des Rechtes
- Parlament und Presse
- Gaunersprache
- Geheimsprache in den Femegerichten
- Scharfrichtersprache (vgl. von Künßberg 2017, S. 52)

Diese Einteilung in elf Arten der Rechtssprache ist heute natürlich überholt („Gaunersprache", „Geheimsprache in den Femegerichten" und „Scharfrichtersprache"). Auch überschneiden sich manche Arten (*Urkunden- und Kanzleisprache* mit *Verwaltungssprache*). Manche Arten sind nur eingeschränkt der Rechtssprache zuzuordnen *(Diplomatensprache, Parlament und Presse)*. Grundlage dieser Einteilung ist die Lexik, also die spezifische Fachterminologie. Aber die unterschiedlichen Rechtssprachen unterscheiden sich nicht nur in ihren Fachbegriffen, sondern auch in ihrem Sprachstil. Ihr Schreibstil richtet sich nach Sprachfunktionen. Was will ich erreichen? Was ist die Funktion meines Textes?

Der Schreibstil muss auch den Normerwartungen der Leser entsprechen. Jede juristische Textsorte hat ihre eigenen Normen. Juristische Textsorten unterscheiden sich auch sprachlich. Zum Beispiel unterscheidet sich ein Strafbefehl (österr: Strafverfügung) im Sprachstil deutlich von einem Mietvertrag. Deshalb schlage ich eine Unterteilung der Rechtssprache nach ihren Funktionen in vier Kategorien vor:

Die vier Funktionen der Rechtssprache
- Recht (dulden, gestatten, ermächtigen, erlauben, dürfen)
- Verbot (untersagen, unterlassen, verbieten)
- Gebot (tun, müssen, verpflichten)
- Information (definieren, deklarieren, beschreiben, mitteilen, informieren)

Beispiele für die Funktionen der Rechtssprache:

Beispiele

Recht
- *Jeder Elternteil ist allein berechtigt, das Kind zu vertreten.*

Verbot
- *Es ist verboten, auf einem Fahrrad freihändig zu fahren.*

Gebot
- *Die Einladung zur Hauptversammlung (österr. Generalversammlung) muss die Tagesordnung enthalten.*

> In Gesetzestexten und anderen juristischen Textsorten wird die Gebotsfunktion häufig durch das imperative Präsens ausgedrückt:
>
> - *Die zuständige Behörde erteilt* ... (Die zuständige Behörde muss ... erteilen)
> - *Den Vorsitz in der Hauptversammlung führt der Vorsitzende des Aufsichtsrats* (Der Vorsitzende des Aufsichtsrats hat den Vorsitz in der Hauptversammlung zu führen).
>
> **Information**
> - *Wir können Ihren Vorschlag für einen außergerichtlichen Ausgleich nicht annehmen.*
> - *Sie können gegen diese Entscheidung klagen. Dazu haben Sie zwölf Monate ab Briefdatum Zeit.*

Das letzte Beispiel zeigt, dass eine Funktion oft versteckt gegeben ist. Versteckt ist hier die Sprachfunktion Recht, nämlich innerhalb von zwölf Monaten klagen zu können. Auch die Gebotsfunktion steckt in diesem Satz: Wollen Sie klagen, müssen Sie das binnen zwölf Monaten tun. Rechte, Gebote und Verbote sind (an der Oberfläche) wie Informationen formuliert. Die Information

- *Bezahlen Sie die festgesetzte Strafe nicht binnen zwei Wochen, wird die Strafverfügung gegenstandslos.*

funktioniert gleichzeitig als Gebot:

- *Sie müssen binnen zwei Wochen bezahlen, ansonsten wird die Organstrafverfügung gegenstandslos.*

Ein Beispiel aus der Verfassung:

- *Die Todesstrafe ist abgeschafft.*

In dieser Information steckt die Verbotsfunkton: Es darf nicht mit dem Tode bestraft werden.
    Innerhalb der vier Funktionen kann es (manchmal) einen besonders hohen Grad an Formelhaftigkeit geben, zum Beispiel bei Schwüren:

Tab. 2.1 Textsorten und ihre Funktionen

Textsorte	Textfunktion
Gesetz, Verordnung	Recht, Gebot, Verbot
Urteil, Urteilsbegründung	Gebot, Verbot, Information
Bescheid	Recht, Gebot, Verbot, Information
Klage, Klagebeantwortung	Information
Vorladung	Gebot
Vertrag	Recht, Gebot, Verbot, Information
Kommentar, Lehrbuch, Fachartikel	Information

- *Sie schwören, dass Sie nach bestem Wissen die reine Wahrheit gesagt und nichts verschwiegen haben. – Ich schwöre es.*

Diese Schwurformel repräsentiert die Informationsfunktion, birgt aber in sich ein Gebot: *Du sollst die Wahrheit sagen!*

2.3.1 Juristische Textsorten nach Funktionen

Wir haben festgestellt, dass die Rechtssprache verschiedene Funktionen erfüllt und den Normenerwartungen von Adressaten entsprechen muss. Zum Beispiel muss sich der Sprachstil eines Bußgeldbescheids deutlich vom Sprachstil eines Testaments unterscheiden. Schwer vorzustellen wäre ein solcher Bescheid:

- *Du warst am 1. Oktober 2018 mit deinem Auto mit dem Kennzeichen XY in Wien, Musterstraße 11, zu schnell unterwegs. Dort steht deutlich sichtbar ein Schild mit 30 km/h Höchstgeschwindigkeit. Dein Wagen war aber mit 55 Sachen unterwegs! Du hast § XY übertreten. Deshalb musst du 35 € Geldstrafe berappen.*

Es gilt also, die jeweilige Textfunktion klar darzustellen und den Sprachstil entsprechend anzupassen (Tab. 2.1).

2.3.2 Möglichkeiten, die Funktionen der Rechtssprache auszudrücken

Rechtsfunktion
Es gibt viele sprachliche Möglichkeiten, jemandem Rechte zu verleihen. Der jeweilige Wortsinn tritt oft nur im Kontext wirklich hervor. Vergleichen Sie die unterschiedlichen Stilebenen und Metabotschaften (was zwischen den Zeilen steht):
Gesetzeswortlaut § 97.5 österreichische StVO:

- *Die Organe der Straßenaufsicht sind berechtigt, …*

Gesetzeswortlaut § 36 deutsche StVO:

- *Die Zeichen und Weisungen der Polizeibeamten sind zu befolgen.*

Autorisierung durch das Gesetz:

- *Die Organe der Straßenaufsicht sind **befugt**, …*
- *Die Organe der **Straßenaufsicht haben das Recht**, …*
- *Die Organe der Straßenaufsicht sind **autorisiert**, …*
- *Die Organe der Straßenaufsicht sind **ermächtigt**, …*
- *Die Organe der Straßenaufsicht **dürfen** …*
- *Den Organen der Straßenaufsicht **ist es erlaubt**, …*
- *Den Organen der Straßenaufsicht **ist es gestattet**, …*
- *Den Organen der Straßenaufsicht **wird zugestanden**, …*

Zulässig ist in einem Rechtsstaat alles, was nicht verboten ist; in einem Polizeistaat ist nur zulässig, was erlaubt ist:

- *Es ist **zulässig**, dass die Organe der Straßenaufsicht …*

Verbotsfunktion
Wortlaut § 68 Abs. 3 österreichische StVO:

- *Es ist **verboten**, auf einem Fahrrad freihändig zu fahren.*

So drücken es Juristen häufig aus:
- Es ist **rechtswidrig,** *auf einem Fahrrad freihändig zu fahren.*

Wird seltener als *rechtswidrig* verwendet:
- Es ist **gegen das Gesetz,** *auf einem Fahrrad freihändig zu fahren.*

Synonym für *rechtswidrig,* wird aber selten in einem solchen Zusammenhang gebraucht:

- Es ist **illegal,** *auf einem Fahrrad freihändig zu fahren.*
- **Ordnungswidrig** *handelt, wer auf einem Fahrrad freihändig fährt.*

Keine Erlaubnis im Sinne von „dürfen" zu haben, heißt nicht unbedingt, dass es verboten ist. Das wäre zu unscharf:

- *Auf Fahrrädern* **darf nicht** *freihändig gefahren werden.*
- *Sie* **dürfen** *auf einem Fahrrad* **nicht** *freihändig fahren.*

Erlaubnis könnte auch von einem Privaten verweigert werden:
- Es ist **unzulässig,** *auf einem Fahrrad freihändig zu fahren.*

Der folgende Begriff zielt auf die verweigerte Erlaubnis ab, etwas zu tun.
- *Sie sind* **nicht berechtigt,** *auf einem Fahrrad freihändig zu fahren.*

Unstatthaft hat einen anderen Bedeutungsgehalt als *rechtswidrig* und *verboten;* z. B. gegen Standesregeln zu *verstoßen:*
- Es ist **unstatthaft,** *auf einem Fahrrad freihändig zu fahren.*

Gebotsfunktion
Aus der Satzung einer Aktiengesellschaft:
- ** Die Anberaumung der Hauptversammlung* **hat** *unter Angabe der Tagesordnung* **zu** *erfolgen.*

Gleich wie „hat/zu erfolgen":

- *In der Einladung zur Hauptversammlung **ist** die Tagesordnung **anzugeben**.*

Recht verständlich formuliert würde der Satz lauten:

- *> Die Einladung zur Hauptversammlung **muss** die Tagesordnung enthalten.*

Hier kann nicht personalisiert werden, denn wenn der Vorstand verhindert ist, muss der Aufsichtsrat einladen:

- *(Der Vorstand) **hat die Pflicht**, in der Einladung zur Hauptversammlung die Tagesordnung beizulegen.*
- *(Der Vorstand) **hat** der Einladung zur Hauptversammlung die Tagesordnung **beizulegen**.*
- *(Der Vorstand) **muss** der Einladung zur Hauptversammlung die Tagesordnung beilegen.*
- *(Dem Vorstand) **obliegt** es, der Einladung zur Hauptversammlung die Tagesordnung beizulegen.*
- *(Der Vorstand) **ist verpflichtet**, der Einladung zur Hauptversammlung die Tagesordnung beizulegen.*

Meist wird „zwingend" nur dann verwendet, wenn dem auch „nicht zwingende" Regelungen gegenüberstehen:

- *Die Angabe der Tagesordnung in der Einladung zur Hauptversammlung ist **zwingend**.*

Erforderlichkeit suggeriert nicht unbedingt rechtliche Pflicht, sondern eher organisatorische Verpflichtung:

- *Die Angabe der Tagesordnung in der Einladung zur Hauptversammlung ist **erforderlich**.*

Könnte auch heißen, dass es eine Tagesordnung geben muss, nicht dass eine beigelegt werden muss:[1]

- *Die Einladung zur Hauptversammlung **bedarf** der Tagesordnung.*
- >*In der Einladung zur Hauptversammlung **müssen** Sie die Tagesordnung angeben.*

Sehr veraltet:

- *Die Angabe der Tagesordnung in der Einladung zur Hauptversammlung ist **geboten.***
- *Die Angabe der Tagesordnung in der Einladung zur Hauptversammlung ist **obligat.***

Informationsfunktion

- *Weisungen sind Gebote und Verbote, welche die Lebensführung des Jugendlichen regeln und dadurch seine Erziehung fördern und sichern sollen* (Jugendgerichtsgesetz, Deutschland).
- *Der Anspruch auf Informationszugang besteht nicht, soweit der Schutz geistigen Eigentums entgegensteht* (Informationsfreiheitsgesetz, Deutschland).

Im zweiten Beispiel für die Informationsfunktion ist die Verbotsfunktion versteckt:

- *Sie sind nicht berechtigt, Informationen zu erhalten, wenn der Schutz geistigen Eigentums dem entgegensteht.*

Ein Informationstext voller veralteter Floskeln:

- * *Mit dem Ersuchen um Rückäußerung zu den darin aufgestellten Behauptungen dürfen wir auf den bereits bekannt gegebenen Ver-*

---

[1] Im Folgenden bedeutet * Sternchen: alte Version. > Pfeil bedeutet: verbesserte Version.

handlungstermin am xx.xx.xxxx verweisen und verbleiben mit freundlichen Grüßen

Recht verständlich formuliert würde der Satz lauten:

- > *Bitte nehmen Sie zu den Behauptungen in der Klage Stellung. Wie Sie wissen, findet die Verhandlung am xx.xx.xxxx statt.*

Take away

Leser haben Normenvorstellungen von Texten der Rechtssprache, sie erwarten manchmal schwere Verständlichkeit durch Nominal- und Passivstil. Das kann die Autorität eines Behördenschreibens unterstreichen. Allerdings zeigen andere Forschungsergebnisse, dass selbst unter Fachleuten verständlich formulierte Texte und deren Autoren positiver wahrgenommen werden. Die Rechtssprache erfüllt die vier Funktionen Recht, Gebot, Verbot und Information.

Literatur

Brinker K (2014) Linguistische Textanalyse. Erich Schmidt, Berlin

Busse D (1998) Rechtssprache als Problem der Bedeutungsbeschreibung in: Sprache und Literatur in Wissenschaft und Unterricht 29, Heft 81. Schöningh, München

Forgó N (1997) Recht sprechen – zur Theorie der Sprachlichkeit des Rechts, Dissertation Universität Wien. Rechtswissenschaftliche Fakultät, Wien

Mushchinina M (2017) Sprachverwendung und Normenvorstellung in der Fachkommunikation. Frank & Timme, Berlin

Oppenheimer DM (2006) Consequences of erudite vernacular utilized irrespective of necessity: problems with using long words needlessly. Appl Cogn Psychol 20:139–156 published online 31 October 2005 in Wiley InterScience. https://onlinelibrary.wiley.com/doi/abs/10.1002/acp.1178. Zugegriffen: 26. Febr. 2021

Roelcke T (2019) Fachsprachen. Erich Schmidt, Berlin

von Künßberg E (2017) Die Entwicklung der deutschen Rechtssprache. Nomos, Baden-Baden

Wikipedia (2019) Textfunktion. https://de.wikipedia.org/wiki/Textfunktion. Zugegriffen: 26. Febr. 2021

3
Verständlichkeit

> **Worum geht es?**
>
> Im diesem Kapitel werden die Ursachen für schwere Verständlichkeit von Rechtstexten aufgezeigt. Verständlichkeit ist messbar, und mithilfe von Verständlichkeitsindizes kann der Grad der Verständlichkeit ermittelt werden. Neben grammatischen Parametern sorgen Überschneidungen mit der Alltagssprache für Verwirrung. Sie lernen in diesem Kapitel Strategien zur besseren Verständlichkeit kennen und erhalten eine Liste mit neun linguistischen Regeln für verständliches Formulieren. Zahlreiche Vorher-Nachher-Beispiele aus unterschiedlichen Rechtsbereichen erhellen diese Regeln. Im Übungsteil können Sie diese Regeln anwenden und schwer verständliche Textbeispiele verbessern.

Gesetze sollen das friedliche Zusammenleben der Menschen regeln. Damit die Gesetze befolgt werden, müssen die Menschen von ihnen wissen. Und sie müssen diese Gesetze auch verstehen können. Wie wir in Kap. 2 gesehen haben, haben Juristinnen und Juristen ihre eigene Fachsprache entwickelt. Schwer verständliche und abstrakte Fachwörter werden mit dem Primat der Kürze und der Sprachökonomie begründet. Aber in fast allen aktuellen Rechtstexten finden sich unlesbar lange Sätze mit unzähligen Nebensätzen, Vor- und Rückgriffen, Einschüben und Unterordnungen. Ein Primat der Kürze lässt sich dort nicht feststellen.

Ein Beispiel für einen unverständlichen Gesetzestext bietet das österreichische Versicherungsvertragsgesetz:

- *§ 6 (1) Ist im Vertrag bestimmt, dass bei Verletzung einer Obliegenheit, die vor dem Eintritt des Versicherungsfalles dem Versicherer gegenüber zu erfüllen ist, der Versicherer von der Verpflichtung zur Leistung frei sein soll, so tritt die vereinbarte Rechtsfolge nicht ein, wenn die Verletzung als eine unverschuldete anzusehen ist. Der Versicherer kann den Vertrag innerhalb eines Monates, nachdem er von der Verletzung Kenntnis erlangt hat, ohne Einhaltung einer Kündigungsfrist kündigen, es sei denn, daß die Verletzung als eine unverschuldete anzusehen ist. Kündigt der Versicherer innerhalb eines Monates nicht, so kann er sich auf die vereinbarte Leistungsfreiheit nicht berufen.*

(1a) Bei der Verletzung einer Obliegenheit, die die dem Versicherungsvertrag zugrundeliegende Äquivalenz zwischen Risiko und Prämie aufrechterhalten soll, tritt die vereinbarte Leistungsfreiheit außerdem nur in dem Verhältnis ein, in dem die vereinbarte hinter der für das höhere Risiko tarifmäßig vorgesehenen Prämie zurückbleibt. Bei der Verletzung von Obliegenheiten zu sonstigen bloßen Meldungen und Anzeigen, die keinen Einfluß auf die Beurteilung des Risikos durch den Versicherer haben, tritt Leistungsfreiheit nur ein, wenn die Obliegenheit vorsätzlich verletzt worden ist.

Recht verständlich formuliert könnte das Gesetz so lauten:

- *§ 6 (1) Es kann vertraglich vereinbart werden, dass der Versicherer leistungsfrei wird, wenn eine Obliegenheit vor dem Versicherungsfall verletzt wird. Er kann den Vertrag binnen eines Monates, nachdem er von der Verletzung erfahren hat, fristlos kündigen. Beides gilt nur, wenn die Verletzung schuldhaft geschehen ist. Kündigt der Versicherer nicht binnen eines Monats, wird er auch nicht leistungsfrei.*

(1a) Im Versicherungsvertrag sollen Risiko und Prämie gleichwertig sein. Wird eine Obliegenheit verletzt, die diese Gleichwertigkeit aufrechterhalten

> soll, gilt die Leistungsfreiheit nur in dem Verhältnis, in dem die Prämie hinter dem höheren Risiko zurückbleibt. Werden Obliegenheiten verletzt, die keinen Einfluss auf die Risikobeurteilung haben, tritt Leistungsfreiheit nur bei vorsätzlicher Verletzung ein.

Die beiden oben zitierten Absätze sind nahezu unverständlich. Sie erschließen sich auch Fachleuten erst nach mehrmaligem Lesen. Nicht die Lexik ist das Problem (wenn man vom Fachbegriff „Obliegenheit" absieht), sondern die unnötig komplizierte Syntax, also die Monstersätze. Der Originaltext besteht aus insgesamt vier langen Sätzen mit 1098 Zeichen (ohne Leerzeichen). Der verständliche Text wurde in sieben kürzere Sätze aufgeteilt. Er hat nur mehr 706 Zeichen. Der Originaltext benötigt also um die Hälfte mehr Zeichen, um dasselbe mitzuteilen. Das bedeutet 50 % mehr Arbeitszeit für die Lesenden! Noch größer ist der Unterschied, wenn man die Wortanzahl vergleicht: Der Originaltext enthält 174 Wörter und der verständliche Text nur 109 Wörter. Das schwer verständliche abstrakte Nomen „Äquivalenz" wurde durch die bildhafte Verbalkonstruktion „gleichwertig sein" ersetzt. Sonst wurden bei der Verbesserung alle Fachbegriffe belassen, jedoch Floskeln und Füllwörter beseitigt.

Untersucht man die beiden Textversionen mit der Sprachanalyse-Software *TextLab*, zeigt sich: Der Originaltext erreicht nur einen Hohenheimer Index von 4,2 von 20. Der optimierte Text erzielt einen hervorragenden Index von 15,5 von 20. Es ist also möglich, juristisch korrekt und gleichzeitig verständlich zu formulieren.

3.1 Das Bemühen um verständliche Rechtstexte

Der berühmte Wiener Anwalt Fritz Schönherr berichtet:

> „Maria Theresia soll für Ungarn angeordnet haben, dass den einzelnen Behörden jeweils ein ‚buta ember' – auf Deutsch: ein dummer Mann – beizugeben sei. Er war nicht dumm, sondern vielmehr von durchschnittlicher Intelligenz, hatte aber nur Grundschulbildung. Dem ‚buta ember'

musste jede behördliche Anordnung zunächst im Entwurf vorgelegt werden; er hatte dann ihren Inhalt einer Kommission wiederzugeben. Wenn ihm das nicht einigermaßen gelungen war, musste der Entwurf umgeschrieben werden." (Schönherr 1985, S. 83).

Schönherr gibt allerdings als Quelle lediglich die „Mitteilung eines älteren Herrn" an. Leider ist es mir nicht gelungen, die Einrichtung eines „buta ember" mit einer Originalquelle zu verifizieren. Historikerinnen und Historiker bestätigten mir aber, dass die Herrscher dieser Zeit bemüht waren, obrigkeitliche Schreiben von barocken Floskeln zu befreien.

Im Jahr 1990 hat der österreichische Verfassungsgerichtshof einen Absatz des Arbeitslosenversicherungsgesetzes als verfassungswidrig aufgehoben, weil der Text nicht die gebotene Verständlichkeit aufgewiesen hatte. „Der Gerichtshof sieht die gegen die Verordnung erhobenen Bedenken wegen Verletzung der rechtsstaatlichen Anforderungen an die Verständlichkeit einer Norm nicht entkräftet. Nur mit subtiler Sachkenntnis, außerordentlichen methodischen Fähigkeiten und einer gewissen Lust zum Lösen von Denksport-Aufgaben kann überhaupt verstanden werden, welche Anordnungen hier getroffen werden sollen." (Rechtsinformationssystem des Bundes 2021) Dieser Gerichtsbescheid ist als „Denksport-Erkenntnis" unter Juristen bekannt (In Österreich werden Gerichtsbescheide und Urteile auch als Erkenntnis bezeichnet).

Auch heute gibt es vonseiten der europäischen Kommission und der nationalen Regierungen die Absicht, öffentliche Informationen barrierefrei zugänglich zu machen: „Die Kommission wird dafür sorgen, dass gewährleistet ist, dass Menschen mit Behinderungen sich ihrer Rechte bewusst sind, und dabei besonderes Augenmerk auf den barrierefreien Zugang zu Materialien und Informationskanälen legen. Sie wird für Ansätze im Sinne des ‚Design für alle' von Produkten, Dienstleistungen und Umfeldern sensibilisieren." (Europäische Kommission, Brüssel 2010).

Das Handbuch der Rechtsförmlichkeit des deutschen Bundesministeriums der Justiz und für Verbraucherschutz empfiehlt: „Vorschriftentexte müssen sprachlich richtig und möglichst für jedermann verständlich gefasst sein (§ 42 Absatz 5 Satz 1 GGO). Wer Rechtsvorschriften formuliert, muss also darum ringen, sie sprachlich so genau zu fassen, wie es nach der Eigenart der zu ordnenden Lebenssachverhalte mit Rücksicht auf den Normzweck möglich ist. Die Betroffenen sollen aufgrund der gesetzlichen Regelung in der Lage sein, den rechtlichen Rahmen ohne juristische Beratung zu erkennen und ihr Verhalten entsprechend auszurichten. Gerichte sollen anhand der Regelung entscheiden können." (Bundesministerium der Justiz 2008, S. 25).

Gesetze sind hochkomplex und Gesetze haben meistens viele Ausnahmen. Das liegt an ihrer Entstehung: Unsere Gesetze sind zumeist das Ergebnis eines langen Einigungsprozesses. Oft sind sie Kompromisse zwischen den politischen Parteien; was man in langen Verhandlungen bereits einmal beschlossen hat, will man nicht mehr ändern.

Viele Gesetze entstehen auf europäischer Ebene. Die Erstversionen der meisten dieser Gesetze werden in englischer Sprache verhandelt und niedergeschrieben. Bei der nachträglichen Übersetzung ins Deutsche schleichen sich mitunter Fehler ein. Bei der Übernahme in österreichische Gesetze werden diese Fehler übernommen, weil man im Zweifelsfall an den europäischen Vorlagen festhalten will.

In der Schweiz müssen alle Gesetze vor der Verabschiedung von einer „verwaltungsinternen Redaktionskommission" auf Verständlichkeit geprüft werden. In Deutschland gibt es im Bundesministerium für Justiz und Verbraucherschutz eine „Lex Lingua Gesellschaft für Rechts- und Fachsprache GmbH", die von allen Ministerien angerufen werden kann, um Vorschläge zur sprachlichen Verbesserung von Gesetzen zu machen. In Österreich gibt es keine Verständlichkeitsprüfung für Gesetze.

Für Migranten, Menschen mit einer Verständnis- oder Lernbehinderung und Menschen mit Leseschwäche wurde die sogenannte „Leichte Sprache" entwickelt. Leichte Sprache setzt die Erkenntnisse der Verständlichkeitsforschung radikal um. Texte in Leichter Sprache sind mit einem eigenen Piktogramm gekennzeichnet. Leichte Sprache kann Gesetzestexte oder behördliche Bescheide natürlich nicht ersetzen, sie dient nur dem Erklären und Kommentieren.

3.2 Verständlichkeit als messbare Größe

Aber was genau versteht man unter Verständlichkeit? „Mit Verständlichkeit sind die Eigenschaften des Textes gemeint, die das Verstehen fördern, sodass dem Text Informationen über Sachverhalte entnommen werden können" (Wikipedia 2020a).

Welche Eigenschaften fördern die Verständlichkeit? Das erforschen Sprachwissenschaftler bereits seit Beginn des 20. Jahrhunderts. Rudolf Flesch entwickelte in den 1950er Jahren in den USA den Flesch-Reading-Ease, die erste mathematische Formel zur Messung von Textverständlichkeit. Auf einer Skala von 0 bis 100 wird die Verständlichkeit dargestellt. Dabei wird die durchschnittliche Satzlänge und Silbenanzahl pro Wort gemessen. Je weniger Silben ein Wort hat, und je kürzer ein Satz ist, desto größer ist die Verständlichkeit. Es folgten weitere, verfeinerte Algorithmen zur Messung der Textverständlichkeit (Amstadt-Formel, Wiener Sachtextformel und Hamburger Verständlichkeitskonzept) (Wikipedia 2020b).

> **Verständlichkeitsindex**
>
> Einer der jüngsten Verständlichkeitsindizes wurde von der Universität Hohenheim entwickelt. Auf ihn baut eine sehr praxistaugliche Software auf, namens TextLab. Diese Software analysiert nicht nur Silbenzahl und Satzlänge, sondern insgesamt bis zu 70 unterschiedliche Sprachkriterien, darunter auch Floskeln, Füllwörter oder Anglizismen. Die Software misst die Verständlichkeit auf einer Skala von 0 bis 20 und gibt Verbesserungsvorschläge. Es können unternehmensspezifische Schreibregelungen hinterlegt werden.

Aber vielleicht wollen Sie sich gar nicht klar und verständlich ausdrücken? Vielleicht glauben Sie, mit unverständlichem Fachjargon Laien beeindrucken zu können? Formulieren Sie kompliziert, um Ihr Schreiben beeindruckender und wirkungsvoller erscheinen zu lassen? Dieser Schuss kann nach hinten losgehen.

3.3 Die Oppenheimer-Studie: Wer sich kompliziert ausdrückt, ist erfolglos

Der Psychologe Daniel M. Oppenheimer von der University Princeton veröffentlichte 2005 seine Studie „Folgen von Gelehrtenjargon ohne Notwendigkeit: Probleme beim unnötigen Gebrauch langer Wörter". Seine empirische Studie kommt zum Schluss, dass die Strategie, sich kompliziert auszudrücken, erfolglos ist. Seine Experimente zeigen, dass Testpersonen Autoren negativ beurteilen, wenn deren Texte unnötig kompliziert sind und nicht flüssig lesbar (Oppenheimer 2006).

Das erste Experiment untersuchte, ob zunehmende Komplexität von Texten den Autor intelligenter erscheinen lässt. Versuchspersonen wurden zwei Bewerbungsschreiben für einen Studienplatz vorgelegt, mit gleichem Inhalt, aber unterschiedlicher Kompliziertheit. Jede Testperson erhielt nur eine der beiden Versionen.

In der komplizierten Version wurden sämtliche Nomen mittels „MS-Word-Thesaurus" gegen ihre längsten Synonyme ausgetauscht. Die Testpersonen mussten beurteilen, wie geeignet der Bewerber sei. Außerdem sollten sie beurteilen, wie schwierig der Text zu verstehen war. Die komplizierteren Bewerbungsschreiben waren schwerer verständlich und wurden schlechter beurteilt. Das komplizierte Bewerbungsschreiben führte zu weniger Zusagen als das einfach formulierte.

Das Experiment legt nahe, dass ein Autor nicht intelligenter erscheint, wenn er kompliziert schreibt.

Bei einem zweiten Experiment übertrugen zwei verschiedene Übersetzer einen fremdsprachigen Text ins Englische, nämlich René Descartes' „Meditation IV". Eine der beiden Übersetzungen war sowohl in der Wortwahl, als auch in der Grammatik komplizierter. Alle Testpersonen erhielten jeweils nur eine Version und wurden gebeten, die Intelligenz des Autors auf einer Skala anzugeben.

Das zweite Experiment bestätigte das erste Experiment: Der Autor der einfacheren Übersetzung wurde intelligenter eingestuft. Selbst Testpersonen, denen der Autor Descartes bekannt war, beurteilten dessen Intelligenz in der einfach zu lesenden Übersetzung höher.

Ein drittes Experiment sollte vermeiden, dass die Synonymsuche mit dem Algorithmus des „MS-Word-Thesaurus" gezwungenermaßen zu minderwertigen Texten führt. Dafür wurden 25 Abstracts von Dissertationen auf ihre Kompliziertheit untersucht, nach Kriterien der Verständlichkeit und des Leseflusses („fluency"). Vom kompliziertesten Text wurde eine vereinfachte Version erstellt. Dabei wurden mit großer linguistischer Sorgfalt die langen Wörter durch kürzere Synonyme ersetzt. Die Intelligenz des Autors und die Verständlichkeit des Textes wurden wieder auf einer Skala bewertet.

Auch hier zeigte sich, dass der Autor der vereinfachten Texte intelligenter eingestuft wurde als der Autor der komplizierten Ursprungsversion. Die Ergebnisse fielen sogar noch deutlicher aus als in den beiden ersten Experimenten.

Autoren, die kompliziert schreiben, werden negativ beurteilt.

Oppenheimer kommt zum Schluss, dass nutzlose Kompliziertheit zu negativer Beurteilung des Autors führt und dass dieser Effekt auf behindertem Lesefluss beruht.

Glauben Sie immer noch, dass komplizierte Rechtstexte Ihre Klienten, Gegner oder Verhandlungspartner beeindrucken? Dieser Behauptung ist mit den Experimenten von Oppenheimer der Boden entzogen.

Auch wenn die Studien von Mushchinina gezeigt haben, dass Rezipienten in einem Vertragstext einen schwer verständlichen Nominal- und Passivstil erwarten, wiegt das Argument der positiven Beurteilung des Autors und seiner Texte stärker. Die Rechtssprache, als Transformationssprache von Fachleuten zu Laien, macht die Gesetze wieder verständlich.

3.4 Gründe für schwere Verständlichkeit der Rechtssprache

Worin unterscheidet sich Fachsprache von Transformationssprache? Wir haben bereits festgestellt, dass, die juristische Fachsprache wie alle Fachsprachen (Ärztesprache, Technikersprache etc.) ihre Berechtigung hat. Fachleute bedienen sich der Fachterminologie, um rasch und eindeutig komplexe Sachverhalte zu benennen. Gleichzeitig erschweren sie durch diese Abstraktion die Verständlichkeit. Viele Fachbegriffe haben in der Alltagssprache eine andere Bedeutung. Schachtelsätze mit mehreren Informationseinheiten und Einschüben sind allerdings nicht nötig und müssen gekürzt werden. Manchmal führt jedoch die verständlichere Textversion zu längeren Sätzen. Zum Beispiel lässt sich die Prämisse „kurzer Satz" beim Auflösen eines Gerundivs nicht erfüllen.

Das Gerundiv

- * der einzubezahlende Betrag ...

wirkt unpersönlich und autoritär. Leichter verständlich ist ein Hauptsatz mit Nebensatz:

- > der Betrag, der eingezahlt werden muss ...

Allerdings ist der Text nun länger geworden.

In allen Publikationen zum Thema Fachsprachen werden als Hauptgründe für schwere Verständlichkeit übereinstimmend die Lexik (Fachterminologie) genannt sowie die komplizierte Syntax, insbesondere der Passiv- und Nominalstil.

3.4.1 Gründe für schwere Verständlichkeit in der Lexik

Fachwörter müssen bleiben, sie sind der Sprachökonomie geschuldet und beschreiben für Fachleute eindeutige Sachverhalte, etwa „Streitanhängigkeit" oder „Gerichtsstand". Aber diese Fachwörter müssen für Laien erklärt werden. Erklärungen können direkt nach der entsprechenden Textstelle in Klammern gesetzt werden:

- *ohne Präjudiz (in diesem einen Fall, ohne Auswirkung auf zukünftige Fälle) ...*

Wenn ein Fachwort für den Leser von großer persönlicher Bedeutung ist, kann man die Erklärung, statt beiläufig in Klammern, auch als vollständigen Satz formulieren:

- *Das bedeutet für Sie: in diesem einen Fall, ohne Auswirkung auf zukünftige Fälle.*

Experten benötigen in ihrem Fachgebiet eine normierte Ausdrucksweise. Dazu dient die Fachterminologie. Ein einziger Begriff kann einen komplexen Inhalt bezeichnen. Zum Beispiel könnte man den juristischen Fachbegriff „Obliegenheit" für Laien mit den Synonymen „mindere Pflicht" oder „Last" ersetzen. Aber diese Synonyme treffen den Sachverhalt nicht präzise, denn eine Obliegenheit kann man nicht einklagen, eine (Leistungs-)Verpflichtung aber schon. Wenn Experten mit Experten sprechen, verdeutlichen Fachbegriffe das Gemeinte und sie können sich effizient ausdrücken. Wenn Experten mit Fachbegriffen zu Laien sprechen, werden sie nicht verstanden. Die Lösung des Problems: Laien muss man den Begriff „Obliegenheit" in einer Fußnote, einem Glossar oder (online) mit einem Hyperlink erklären. Wenn die Erklärung kurz ist oder nur aus einem einzigen Synonym besteht, kann man sie in Klammern hinter den betreffenden Fachausdruck setzen.

Eine andere Möglichkeit, Erklärungen anzubieten, wäre ein Glossar der häufigsten Fachwörter auf die Rückseite des Schreibens zu drucken oder auf der Website des Absenders zu veröffentlichen. Notfalls könnte man auch auf entsprechende Glossare auf den Websites von Berufsverbänden oder Behörden hinweisen. Leider sind solche Glossare zumeist unvollständig. Sehr umfangreich ist das Online-Lexikon der deutschen Bundeszentrale für politische Bildung unter https://www.bpb.de.

Beispiel für ein Glossar

Fachbegriff	Synonym/Erklärung für Laien
Obliegenheit	*Last oder mindere Pflicht, die nicht eingeklagt werden kann. Aus ihrer Verletzung ergibt sich keine Schadenersatzpflicht*
Ohne Präjudiz	*Zukünftige ähnliche Ereignisse müssen unabhängig von diesem Fall betrachtet werden. Aus Kulanz kann ein strittiger Anspruch teilweise oder voll erfüllt werden. Damit ist aber nicht die Anerkennung einer Schuld zu verstehen*

Überschneidungen mit der Alltagssprache

Manche Fachwörter kommen Laien bekannt vor. Ihre Bedeutung kann sich aber von Wörtern der Alltagssprache unterscheiden, z. B. Eigentümer, Besitzer und Inhaber. Die Bedeutung ist im normalen Sprachgebrauch gleich. In der juristischen Fachsprache bedeuten diese Begriffe jedoch völlig Verschiedenes. Um Rechtssprache für Laien verständlich zu machen, müssen solche Überschneidungsbegriffe ebenfalls erläutert werden.

- *Besitzer:* derjenige, der eine Sache verwendet und sie behalten will.
  (§ 309 zweiter Satz ABGB: *Hat der Inhaber einer Sache den Willen, sie als die seinige zu behalten, so ist er ihr Besitzer.*)
- *Eigentümer:* derjenige, dem eine Sache gehört.
  (§ 354 ABGB: *Der Eigentümer hat das Recht, mit der Substanz und den Nutzungen einer Sache nach Willkür zu schalten, und jeden Andern davon auszuschließen.*)

In der österreichischen Rechtssprache gibt es außerdem noch den Begriff des Inhabers. Ein Inhaber ist derjenige, der eine Sache in seinem Gewahrsam hat. Gewahrsam bedeutet, dass er die tatsächliche Gewalt über die Sache hat (§ 309 erster Satz ABGB: *Wer eine Sache in seiner Macht oder Gewahrsame hat, heißt ihr Inhaber*).

Der Eigentümer kann also gleichzeitig der Besitzer sein. Wenn der Eigentümer eine Sache verleiht, wird der Entlehnende zum Besitzer der Sache, aber nicht ihr Eigentümer. Bis vor kurzem gab es einen „Zentralverband der Hausbesitzer" und einen „Reformverband Österreichischer Hausbesitzer". Nun haben beide Verbände als „Zentralverband Haus und Eigentum" fusioniert.

Das Wort *regelmäßig* bedeutet in der Rechtssprache *der Regel gemäß* (also ohne Ausnahme). In der Umgangssprache bedeutet es *gleichmäßig wiederkehrend.*

Eine österreichische Besonderheit ist der Begriff *Erkenntnis*. In der österreichischen Rechtssprache wird er als Neutrum verwendet und meint *Entscheidung eines Verwaltungsgerichts*. In der Umgangssprache wird *Erkenntnis* als Femininum verwendet und bedeutet *Einsicht*.

- *Das Erkenntnis:* österreichische Rechtssprache für Entscheidung eines Verwaltungsgerichts
- *Die Erkenntnis:* Umgangssprache für Einsicht, Wissenszuwachs

Wortwiederholungen
Literarisch ein Graus, juristisch jedoch ein Schmaus. Sicher haben Sie beim Aufsatzschreiben in der Schule gelernt, durch Synonyme Wortwiederholungen zu vermeiden. Lesen Juristen zwei verschiedene Begriffe, bei welchen nur deshalb Synonyme verwendet wurden, um Wortwiederholungen zu vermeiden, fragen sie sich immer, ob damit wirklich das Gleiche oder doch etwas anderes gemeint ist. Deshalb sind Wiederholungen von Fachbegriffen in juristischen Texten etwas Positives. Man muss sich immer vor Augen halten, dass diese Texte nicht aufgrund ihres sprachlichen Feinschliffs oder ihres literarischen Werts beurteilt werden, sondern einzig den Zweck haben, rechtliche Informationen unmissverständlich weiterzugeben.

Veraltete Begriffe
Die Rechtssprache wird gerne auch als Amtsdeutsch oder Kanzleistil bezeichnet. Dafür tragen, neben dem ausufernden Nominalstil und den Passivformen, veraltete Wörter die Verantwortung. Die Resistenz der Rechtssprache gegenüber Neologismen (Wortneuschöpfungen) und das Beharren auf altertümlichen Floskeln tragen zum altmodischen Image bei. Andere Fachgebiete signalisieren mit Neologismen, vor allem aus dem Englischen, mehr Innovationsfreude (*Break-even-Point, Bypass, Service Desk* etc.). Manche juristischen Fachtermini werden nur noch selten verwendet und modernere Begriffe setzen sich durch. Archaismen müssen durch zeitgemäße Begriffe ersetzt werden. Natürlich stellt sich die Frage, wer bestimmt, ab wann ein Wort veraltet ist. Hier kann das „Duden Synonymwörterbuch" als Maßstab herangezogen werden.

Beispiele

* *Obdach* > *Wohnung, Unterkunft*
* *juridisch* > *juristisch*

* ausfolgen	> aushändigen, übergeben
* verehelicht	> verheiratet
* Beiwohnung	> Geschlechtsverkehr

Im Web bietet https://synonyme.woxikon.de eine große Auswahl an Synonymen.

Wortsinn und Kontext
Bei der Auslegung von Gesetzen berufen sich österreichische Juristinnen und Juristen oft auf den Wortsinn, der im § 6 des dortigen ABGB beschrieben ist: „Einem Gesetz darf in der Anwendung kein anderer Verstand beygelegt werden, als welcher aus der eigenthümlichen Bedeutung der Worte in ihrem Zusammenhange und aus der klaren Absicht des Gesetzgebers hervorleuchtet." Das österreichische ABGB ist über 200 Jahre alt.

Aber der Wortsinn ist oft nicht klar erkennbar und alternative Begriffe sind gestattet: „Zur Bestimmung der Bedeutung des Wortsinns ist nach VwGH, VfGH und OGH, die Verwendung von Enzyklopädien und Wörterbüchern – jedenfalls wenn eine Legaldefinition fehlt – zulässig." (Forgó, 1997, S. 93).

Neben Synonymwörterbüchern muss auch der ursprüngliche Wille des Gesetzgebers erforscht werden. „Würden durch die Feststellung von möglichem Wortsinn und Bedeutungszusammenhang des Gesetzes weiterhin mehrere Auslegungsmöglichkeiten nicht auf eine einzige reduziert werden können, so habe man die Regelungsabsicht des historischen Gesetzgebers zu erkunden." (Forgó 1997, S. 118) Dieser Wille des Gesetzgebers lässt sich in den Gesetzesmaterialien erforschen.

Der Wortsinn lässt sich aber nicht von seinem Kontext trennen:

„Es ist eine fundamentale Einsicht juristischen Arbeitens, dass sich die Bedeutung der sprachlichen Äußerungen, mit denen gearbeitet wird, (zunächst) aus der Textsorte, der sie entnommen sind und dem Kontext ergibt. Der Satz ‚Der PC steht im Eigentum von Ego' enthält eine juristisch vollkommen andere Bedeutung, je nachdem, ob er sich in der Textsorte Urteil, Zeugenaussage, Anzeige oder Gesetz steht.

Steuerrechtlich mag Egos Eigentum etwas anderes ‚bedeuten' als privatrechtlich. Bedeutung sprachlicher Ausdrücke ergibt sich also zuallererst aus Texten, die wir auf Grundlage unseres Weltwissens über die Textsorte interpretieren, und deren Gebrauch in einem pragmatisch zu erforschenden ‚Kontext' und nicht aus Worten." (Forgó 1997, S. 203).

Komposita
Das Deutsche erlaubt die Koppelung von mehreren Wörtern zu einem neuen Wort. Solche Komposita können beachtliche Längen aufweisen. Davon machen Juristinnen und Juristen leider zu oft Gebrauch. Wir lesen Wörter nicht Buchstabe für Buchstabe wie ein Schulanfänger, sondern erfassen Wortbilder, wobei der erste und der letzte Buchstabe dem korrekten Wort entsprechend stehen müssen.

- *Es ist eagl, in wlehcer Rienhnelfoge die Bcuhtsbaen in eniem Wrot sethen, das enizg wcihitge dbaei ist, dsas der estre und lzete Bcuhtsbae am rcihgiten Paltz snid. Der Rset knan ttolaer Bölsdinn sien, und man knan es torztedm onhe Porbelme lseen. Das ghet dseahlb, wiel wir nchit Bcuhtsbae für Bcuhtsbae enizlen lseen.*

Die Topografie der Groß- und Kleinbuchstaben hilft uns, einen Begriff schnell zu erkennen. Bei Komposita entfallen die Großbuchstaben, die zuvor den Beginn eines neuen Wortes signalisiert haben. Es entsteht ein Buchstabenbandwurm (besser: Buchstaben-Bandwurm oder noch verständlicher: ein Bandwurm aus Buchstaben).

- ** Abgabenverwaltungsorganisationsgesetz*

Natürlich lässt sich ein Gesetzesname nicht einfach ändern, aber lesbarer wäre:

- *> Gesetz zur Organisation der Abgabenverwaltung*

Oder:

- ** Einzelwarmwasserversorgungsanlage*
- *> Einzel-Versorgungsanlage für Warmwasser*

Das längste Wort, das mir bisher unter die Augen gekommen ist:

- *Schlechtwetterentschädigungsdifferenzbeitragsgrundlagenreduktion* (Hauptverband der österreichischen Sozialversicherungsträger 2019)

Suffixoide
Suffixoide bestehen aus einem Basiswort (z. B. Strafe) und einem angehängten Adjektiv (z. B. frei). Sie können zu Verständnisproblemen führen, da sie in der Umgangssprache nicht vorkommen. Suffixoide sind allerdings für Juristen komprimiert auf den Punkt gebracht. In der Transformationssprache sollten sie vermieden werden.

- ** straffrei*
- *> ohne Strafe, nicht bestraft*
- ** rechtmäßig*
- *> es entspricht der Rechtslage*
- ** Wir bleiben daher leistungsfrei*
- *> Daher übernehmen wir keine Leistungen.*
- ** Anlasslos*
- *> ohne Anlass*

Suffixoide sind aber auch semantisch leer und wirken verblasst gegenüber dem Basiswort. Ein Modesuffix ist in der Politikersprache derzeit „intensiv":

- ** arbeitsintensiv*
- *> bereitet viel Arbeit*
- ** lohnintensiv*
- *> hohe Löhne*

3.4.2 Gründe für schwere Verständlichkeit in der Syntax

Lange Sätze
„Jedes Mal, wenn der literaturkundige Deutsche in einen Satz taucht, bekommt man ihn nicht wieder zu sehen, bis er auf der anderen Seite seines Atlantischen Ozeans mit dem Verb zwischen den Zähnen wieder auftaucht." (Twain 2012, S. 195).

Die wichtigste Regel für Verständlichkeit ist das Bilden kurzer Sätze. Jede Informationseinheit verdient einen eigenen Satz. Maximal zwei Informationseinheiten in einem Satz sind verständlich (Hauptsatz mit einem Nebensatz). Ein Beispiel aus dem österreichischen Versicherungsvertragsgesetz:

- *Da wir gemäß § 38 (39) Versicherungsvertragsgesetz nach wie vor von der Verpflichtung zur Leistung im Schadensfalle frei sind und wir Sie nicht länger begünstigen können, machen wir Sie darauf aufmerksam, dass wir gegen Sie Mahnklage einbringen, wenn uns nicht unverzüglich der vorgenannte Betrag erreicht.*

Verständlicher wäre:

- \> *Laut Versicherungsvertragsgesetz sind wir nicht zur Leistung im Schadensfall verpflichtet (§§ 38, 39). Wir können Sie nicht länger begünstigen. Achtung: Wir werden Mahnklage gegen Sie einbringen, wenn Sie nicht unverzüglich den offenen Betrag überweisen.*

Fehlende Gliederung und Struktur
Neben der Kürze der Sätze trägt auch die übergreifende Gliederung eines Textes zum guten Verständnis bei. Jeder Paragraph oder zusammenhängende Absatz benötigt eine eigene Überschrift. Das macht den Text übersichtlicher. Außerdem muss jeder Text logisch strukturiert sein: vom Allgemeinen ins Besondere oder umgekehrt.

Der Linguist Benedikt Lutz sagt:

„Alle sprachlichen Konstruktionen, die man ‚analysieren' muss, bei denen man (bewusst oder unbewusst) nach einzelnen Bestandteilen suchen muss, sind aufgrund der Beschränkungen des Kurzzeitgedächtnisses schwer verständlich. […] Ohne übertreiben zu wollen kann man sagen, dass sprachlich komplexe Konstruktionen in deutschsprachigen Gesetzes- und Verwaltungstexten geradezu als Normalfall anzusehen sind. Es gibt dafür keine unmittelbare Notwendigkeit. Die Ursachen dürften in der historisch gewachsenen Tradition liegen. Eine besonders wichtige Rolle dabei scheint das Ideal des einen *Satzes* zu spielen: Ein Sachverhalt soll möglichst in einem einzigen Satz erschöpfend abgehandelt werden. Dies führt häufig zu enormen Satzlängen und unübersichtlichen Konstruktionen, die letztlich weniger präzise sind als die Aufteilung der Inhalte in mehrere übersichtliche Einzelsätze." (Lutz 2015, S. 272).

Schachtelsätze (Komplexe Satzgefüge)
Unter Juristen, die mit dem Ausarbeiten von Gesetzestexten betraut sind (österr. Legisten), herrscht offensichtlich der Irrglaube, ein gutes Gesetz bestünde aus einem einzigen Satz. Dann wird jeder Aspekt in diesen Satz hineingepackt und es kommt zu langen Sätzen mit unzähligen Nebensätzen und verwirrenden Verschachtelungen. Eine komplexe Materie wird auf diese Weise kompliziert ausgedrückt. Das ist nicht nötig. Moderne Rechtssprache muss komplexe Sachverhalte durch klare Strukturen („Syntax") und Befolgung aller Verständlichkeitsregeln beschreiben. Komplexität lässt sich nicht ändern, aber ihre Darstellung lässt sich optimieren. Meistens lassen sich Schachtelsätze entflechten, indem man Einschübe entfernt und damit eigenständige Sätze bildet.

Der folgende Text ist der Lebensmittelinformationsverordnung entnommen. Der Monstersatz will gute Lesbarkeit (!) auf Verpackungen definieren, ist selbst aber unlesbar formuliert:

- ** Unbeschadet spezieller Unionsvorschriften, die auf bestimmte Lebensmittel anwendbar sind, sind die verpflichtenden Angaben gemäß Artikel 9 Absatz 1, wenn sie auf der Packung oder dem daran befestigten Etikett gemacht werden, auf die Verpackung oder das Etikett in einer Schriftgröße mit einer x-Höhe gemäß Anhang IV von mindestens 1,2 mm so aufzudrucken, dass eine gute Lesbarkeit sichergestellt ist. VO (EU) 1169/2011, Artikel 13)*

So wird gute Lesbarkeit sichergestellt: Zunächst wurde ein Monstersatz in zwei kürzere Sätze unterteilt.

- *\> Die verpflichtenden Angaben (nach Artikel 9 Absatz 1) müssen auf der Verpackung oder auf dem Etikett in einer Schriftgröße von mindestens 1,2 mm x-Höhe (siehe Anhang IV) aufgedruckt werden. Dies gilt nicht, wenn es spezielle Unionsvorschriften für bestimmte Lebensmittel gibt.*

Danach wurde die amtssprachliche Infinitivkonstruktion „sind aufzudrucken" ausgetauscht gegen die modernere Formulierung „müssen aufgedruckt werden".

Gerundiv
Das Gerundiv *(zu erstattender Betrag, nachzuprüfende Angaben)* tritt im Deutschen selten auf. Das Gerundiv, genauso wie die damit verwandten Infinitivkonstruktionen *(der Betrag ist zu erstatten* usw.) sind typisch für das sogenannte Amtsdeutsch.

Die Gebotsfunktion versteckt sich in der grammatischen Konstruktion und wird dadurch häufig verschleiert.

- ** Verträge sind einzuhalten.*
- *> Verträge müssen eingehalten werden.*

Partizipialkonstruktion
Meist werden hier zwei Informationen auf einmal statt nacheinander mitgeteilt, das heißt, eine Information wird in eine andere „hineingeschoben".

- ** Aus dem noch bestehenden Beamtenverhältnis ist kein Disziplinarvorgang anhängig.*
- *> Das Beamtenverhältnis besteht noch, aus ihm ist kein Disziplinarvorgang offen.*
- ** X suchte, wegen eines Arbeitswechsels frisch aus Berlin nach Wien übersiedelt, eine neue Wohnung.*
- *> X suchte eine neue Wohnung, weil er wegen eines Arbeitswechsels nach Wien übersiedelt war.*

Das substantivierte Partizip eignet sich andererseits hervorragend für genderneutrale Sprache. Wie viele andere sprachliche Gendermaßnahmen bedarf das substantivierte Partizip allerdings der Gewöhnung.

- ** Studentinnen und Studenten*
- *> Studierende*

Präpositionalgefüge
Die Verständlichkeit kann leiden, wenn ein Satz mit einer Präposition (Angabe von Ort, Zeit, Art und Weise oder Grund) beginnt. Das Subjekt steht nicht mehr am Anfang; die optimal verständliche Folge Subjekt – Prädikat – Objekt ist also vertauscht. Eine solche Anordnung ist in der gesprochenen Sprache ungewöhnlich.

- *Trotz vorzeitiger Entlassung beging X keine Straftat mehr.*
- *> X beging keine Straftat mehr, obwohl er vorzeitig entlassen wurde.*
- ** Wegen starken Regens kam X von der Fahrbahn ab.*
- *> X kam von der Fahrbahn ab, weil es stark regnete.*
- ** Auf dem Sofa lag das blutige Messer.*
- *> Das blutige Messer lag auf dem Sofa.*

Die Verständlichkeit leidet, wenn eine Präpositionalphrase sowohl als Attribut als auch als Objekt aufgefasst werden kann:

- ** Tiroler Wirt nach Klage von Strache verurteilt* (Die Klage stammte von Strache/Strache verurteilt den geklagten Wirt)

Nominalstil

- ** Die Zuwendungen sind zur Ausgleichung zu bringen.*
- *> Die Zuwendungen müssen ausgeglichen werden.*

Dieses Beispiel zeigt: Es gibt „gute" und „böse" Nominalisierungen. Das „gute" Nomen „Zuwendung" muss nicht zum Verb umgewandelt (verbalisiert) werden. „Zuwendung" ist ein verständlicher Fachbegriff. Das „böse" Nomen „Ausgleichung" hingegen ist kein Fachbegriff und kann durch das Verb „ausgleichen" ersetzt werden. Der Nominalstil trägt wesentlich zur schlechten Bewertung im Hohenheimer Verständlichkeitsindex bei. Zudem wirkt Nominalstil autoritär, da ein Nomen eine abgeschlossene unveränderbare Handlung signalisiert, während ein Verb eine dynamische veränderbare Handlung symbolisiert. Die Begründer der NLP-Therapie, Richard Bandler und John Grinder, empfehlen, Klienten in ihren Aussagen auf Nominalisierungen aufmerksam zu machen und diese in Verben umzuwandeln, um ihrem Willen zur Veränderung Ausdruck zu verleihen (Bandler 2011, S. 88).

Passivsätze
Das Verwenden des Passivs trägt wesentlich zu einer schlechten Beurteilung in Verständlichkeitsindizes bei. Das Passiv leistet aber auch einen Perspektivenwechsel: Im Aktivsatz wird ein Ereignis aus der Perspektive des Handelnden wiedergeben und im Passivsatz wird das Ereignis aus der Perspektive des Geschehens betrachtet.

a) *Der Kläger hat den Betrag nie erhalten.*
b) *Der Betrag wurde dem Kläger nie bezahlt.*

(vgl. Pittner und Berman 2015, S. 69)

a) Aktivsatz: Der Kläger (Agens) ist der Handelnde, er steht im Mittelpunkt.
b) Passivsatz: Der Betrag (Patiens) steht im Mittelpunkt. Das Passiv wird ja auch „Leideform" genannt.

Empfängerorientiert schreiben bedeutet, den Adressaten in den Mittelpunkt zu stellen. Dazu eignet sich das Aktiv besonders gut. Das Passiv hat jedoch seine Berechtigung, wenn es Gründe gibt, das Agens in den Hintergrund zu rücken. Das ist zum Beispiel bei Behördenschreiben notwendig, weil der jeweilige Sachbearbeiter nicht im Mittelpunkt steht, sondern nur den Willen der Behörde wiedergibt.

- * *Ich bewillige das Bauvorhaben nicht.*
- > *Das Bauvorhaben wird nicht bewilligt.*

Negative Formulierungen
Negative Formulierungen werden von der Verständlichkeitsforschung als Faktoren für Unverständlichkeit gesehen.

- *Wir haben Ihre Unterschrift noch nicht erhalten.*
- *> Ihre Unterschrift fehlt noch.*

Außerdem wirken sie oft schwammig.

- ** nicht so gut*
- *> schlecht*

Man richtet den Blick auf das, was man eigentlich nicht will.

- ** nicht ohne Wirkung sein*
- *> wirksam sein*

Floskeln
Typisch für das Juristendeutsch sind altertümliche Floskeln. Es gibt kaum eine andere Berufsgruppe, die so konsequent sprachlich völlig veraltete Formulierungen verwendet. So, wie wir heute nicht mehr mit Pferdedroschken reisen, sondern mit Auto, Bahn oder Flugzeug, können wir heute nicht mehr die Sprache der kaiserlich-königlichen Bürokratie sprechen.

- ** **Vorerst dürfen wir Ihnen mitteilen,** dass wir Frau XY im Zusammenhang mit … rechtsfreundlich vertreten.*

Befreit von Floskeln ist der Text für Laien leichter lesbar:

- *> Wir vertreten Frau XY im Zusammenhang mit …*

Weitere Beispiele:

- ** **Wir kommen zurück** auf Ihren Vorschlag für einen außergerichtlichen Vergleich. Dazu halten wir fest, dass wir diesen nicht annehmen können, unterbreiten Ihnen aber folgenden Vorschlag.*
- *> Vielen Dank für Ihr Schreiben. Wir können Ihren Vorschlag für einen außergerichtlichen Vergleich nicht annehmen. Gerne machen wir Ihnen den folgenden Vorschlag.*

- *__Im Hinblick darauf,__ dass die beklagte Partei in einem bestehenden Vertragsverhältnis zur Firma XYZ steht (…), sieht sich die beklagte Partei veranlasst, dieser den Streit zu verkünden.*
- *> Die beklagte Partei hat ein bestehendes Vertragsverhältnis mit Firma XYZ (…) Daher muss die beklagte Partei der Firma YXZ den Streit erklären.*
- *__In Erwartung__ ihrer fristgerechten Veranlassung* (hier gemeint: fehlende Unterschrift)
- *> Bitte schicken Sie uns den Antrag mit Ihrer Unterschrift bis zum xx.xx. xxxx*

Für verständliche und zeitgemäße Unternehmensstandardsprache sind die folgenden sechs Basisregeln hilfreich:

Regeln für Verständlichkeit

- Einfache, kurze Sätze
- Verben statt Nominalkonstruktionen
- Aktiv- statt Passivsätze
- Positiv formulieren
- Floskelscanner einschalten
- Verdoppelungen und nichtssagende Wörter einsparen (Dunkl 2015, S. 61)

Diese sechs Regeln für verständliche Unternehmenssprache werden nun für die speziellen Anforderungen der Rechtssprache angepasst und erweitert:

Neun Regeln für verständliche Rechtssprache

1. Einfache, kurze Sätze
2. Keine Schachtelsätze
3. Gerundiv und Infinitivkonstruktionen vermeiden
4. Wenig Partizipialkonstruktionen
5. Wenig Präpositionalgefüge
6. Verbal- statt Nominalstil
7. Aktiv- statt Passivsätze
8. Positiv formulieren
9. Keine Floskeln oder veraltete Begriffe

3.5 Vorher-Nachher-Beispiele für verständliche Rechtssprache

3.5.1 Einfache, kurze Sätze

Jede Informationseinheit verdient einen eigenen Satz.

- *Mit der Richtlinie 1999/93/EG des Europäischen Parlaments und des Rates wurden Regelungen zu elektronischen Signaturen festgelegt, ohne aber einen umfassenden grenz- und sektorenübergreifenden Rahmen für sichere, vertrauenswürdige und einfach zu nutzende elektronische Transaktionen zu schaffen.*
- *>Mit der Richtlinie 1999/93/EG wurden elektronische Signaturen geregelt. Die Richtlinie schuf aber keinen umfassenden grenz- und sektorenübergreifenden Rahmen für sichere, vertrauenswürdige und einfach zu nutzende elektronische Transaktionen.*

- *Für den Fall, dass der Mieter nach Mietbeginn weitere – bis dahin unbekannte – Mängel an der Brauchbarkeit der Wohnung oder ihrer Einrichtungen, die bereits bei Anmietung vorhanden waren, erkennt, verpflichtet er sich zur unverzüglichen Verständigung des Vermieters, um diesem die Möglichkeit zur Behebung der Mängel zu geben.*
- *>Der Mieter muss den Vermieter unverzüglich verständigen, wenn er nach Mietbeginn Mängel an der Brauchbarkeit der Wohnung oder ihrer Einrichtungen erkennt, die bisher unbekannt waren. Dann kann der Vermieter die Mängel beheben.*

- *Um die Verarbeitung und den Austausch von Daten innerhalb der XY-Bank AG zwecks unternehmensweiter Risikobewertung und -steuerung sowie Anbietens wettbewerbsfähiger, maßgeschneiderter und qualitativ hochwertiger Dienstleistungen und Produkte zu ermöglichen und zu koordinieren, geben wir hiermit folgende Zustimmungserklärungen ab.*
- *>Die XY-Bank AG soll Daten verarbeiten und austauschen dürfen, um unternehmensweit Risiken zu bewerten und zu steuern. So kann die XY-Bank AG wettbewerbsfähige, maßgeschneiderte und hochwertige Dienstleistungen und Produkte anbieten. Deshalb geben wir folgende Zustimmungserklärungen ab.*

3.5.2 Keine Schachtelsätze

- * *Grundsätzlich hat die Dokumentation in einer für den Abgabepflichtigen im Abgabenverfahren zugelassenen Amtssprache oder – da die Übersetzung der Unterlagen mit erheblichem Zeit- und Kostenaufwand verbunden sein kann – in englischer Sprache zu erfolgen.*
- > *Grundsätzlich muss die Dokumentation in einer für den Abgabepflichtigen zulässigen Amtssprache erfolgen. Sie kann auch in englischer Sprache abgefasst sein, weil die Übersetzung der Unterlagen mit erheblichem Aufwand verbunden wäre.*

- * *Für die Entscheidung, ob eine im Grundbuch eingetragene fideikommissarische Substitution erloschen ist, ist das Nachlassgericht zuständig, sofern nicht Auslegungsfragen zu klären sind, die dem streitigen Rechtsweg vorbehalten sind.*
- > *Das Nachlassgericht muss entscheiden, ob eine im Grundbuch eingetragene Nacherbschaft erloschen ist. Wenn Auslegungsfragen zu klären sind, muss der streitige Rechtsweg beschritten werden.*

- * *Art 9 Abs 3 Satz 2 der VO (EG) 207/2009 ist dahin auszulegen, dass er es dem Inhaber einer Unionsmarke verwehrt, für Handlungen, die vor der Veröffentlichung der Markenanmeldung vorgenommen wurden, eine Entschädigung zu verlangen.*
- > *Art 9 Abs 3 Satz 2 der VO (EG) 207/2009 ist wie folgt auszulegen: Der Inhaber einer Unionsmarke darf keine Entschädigung verlangen für Handlungen, die vor der Veröffentlichung der Markenanmeldung vorgenommen wurden.*

3.5.3 Gerundiv und Infinitivkonstruktionen vermeiden

Gerundiv (passiv):

- * *Der zu bewilligende Exekutionsantrag.*
- > *Der Exekutionsantrag muss bewilligt werden.*

- *Leistungsfreiheit bei Unfall im Gefolge von auf Alkoholeinfluss zurückzuführenden, anlasslosen Aggressionshandlungen des Versicherten gegen unbeteiligte Dritte.
- \> Leistungsfreiheit bei Unfall, wenn der Versicherte aufgrund von Alkoholeinfluss ohne Anlass Aggressionshandlungen gegen unbeteiligte Dritte begeht.

Infinitivkonstruktion (aktiv):

- *Der Exekutionsantrag ist zu bewilligen.
- \> Der Exekutionsantrag muss bewilligt werden.

- * Die Anberaumung der Hauptversammlung hat unter Angabe der Tagesordnung zu erfolgen.
- \> In der Einladung zur Hauptversammlung muss die Tagesordnung angegeben werden.

3.5.4 Partizipialkonstruktionen vermeiden

- *ein auf das Vermögen abzielender Exekutionsantrag
- \> ein Exekutionsantrag, der auf das Vermögen abzielt

- *der auf diesen Flug entfallende Preis
- \> der Preis für diesen Flug

3.5.5 Präpositionalgefüge vermeiden

- *Sofern kein Pauschalmietzins vereinbart ist, sind die laufenden Aufwendungen einschließlich der Heizungs- und Warmwasserkosten veränderlich.
- \> Die laufenden Aufwendungen einschließlich der Heizungs- und Warmwasserkosten können sich ändern, wenn kein Pauschalmietzins vereinbart ist.

- *Unbeschadet seiner allfälligen Schadenersatzansprüche ist der Leasinggeber berechtigt, vom Leasingvertrag zurückzutreten.*
- >*Der Leasinggeber kann vom Leasingvertrag zurücktreten. Davon nicht betroffen sind seine eventuellen Schadenersatzansprüche.*

- *Infolge falscher Angaben seitens des Auftraggebers musste die Arbeit wiederholt werden.*
- >*Die Arbeit musste wiederholt werden, weil der Auftraggeber falsche Angaben gemacht hatte.*

3.5.6 Verbal- statt Nominalstil

- ** Dem Vorstand obliegt die Leitung des Vereins.*
- >*Der Vorstand leitet den Verein.*

- ** Der Mieter verpflichtet sich zur unverzüglichen Verständigung des Vermieters, um diesem die Möglichkeit zur Behebung der Mängel zu geben.*
- >*Der Mieter muss den Vermieter unverzüglich verständigen, damit dieser die Mängel beheben kann.*

- ** Daneben haben der Gesetzestext und die Erläuterungen weitere Präzisierungen erfahren.*
- >*Daneben wurden der Gesetzestext und die Erläuterungen weiter präzisiert* (Erläuterungen ist ein Fachbegriff und muss nicht verbalisiert werden, Präzisierung lässt sich durch das Verb präzisieren eleganter ausdrücken).

Beispiele für sinnvolle oder nicht sinnvolle Nominalisierungen:

Nominalstil:

- ** Die Verarbeitung Ihrer Daten geschieht zur Vertragserfüllung.*

Verbalisiert:

- >*Wir verarbeiten Ihre Daten zur Vertragserfüllung.*

„Verarbeitung" ist kein Fachbegriff, also wird das Nomen verbalisiert. „Vertragserfüllung" ließe sich zwar leicht verbalisieren, würde den Satz jedoch unnötig verlängern *(... um den Vertrag zu erfüllen)*. Daher wird das Nomen beibehalten.
Nominalstil:

- *Mit Firma XY tauschen wir personenbezogene Daten zur Unterstützung der Risikobeurteilung im Antragsfall* (90 Zeichen).

Verbalisiert:

- >*Mit Firma XY tauschen wir personenbezogene Daten aus. Das unterstützt uns dabei, das Risiko zu beurteilen, wenn Sie einen Antrag stellen* (112 Zeichen).

3.5.7 Aktiv statt Passiv

- ** Nach Rechtsprechung und Lehre tritt die Präklusionswirkung der Entlastung dann nicht ein, wenn an sich erkennbare Entlastungshindernisse vom Geschäftsführer bewusst verschwiegen wurden.*
- *> Nach Rechtsprechung und Lehre tritt die Präklusionswirkung der Entlastung nicht ein, wenn der Geschäftsführer an sich erkennbare Entlastungshindernisse bewusst verschwiegen hat.*

- ** Offene Mängel werden vom Käufer umgehend gegenüber dem Verkäufer bekannt gegeben.*
- *> Offene Mängel gibt der Käufer umgehend dem Verkäufer bekannt.*

- ** Das Fahrzeug darf nicht durch Personen ohne Führerschein oder sonst fahruntaugliche Personen benützt werden.*
- *> Personen ohne Führerschein oder sonst untaugliche Personen dürfen das Fahrzeug nicht benutzen.*

3.5.8 Positiv formulieren

- *Für die Mieter herrscht keine Pflicht, ihre Hunde im Hofgarten an der Leine zu führen.*
- >*Die Mieter dürfen ihre Hunde im Hofgarten frei laufen lassen.*
- *Es ist nicht verboten, den Lizenznehmer zu verpflichten, eine Gebühr für die Verwendung der patentierten Technologie zu zahlen.*
- >*Der Lizenznehmer kann verpflichtet werden, eine Gebühr für die Verwendung der patentierten Technologie zu zahlen.*
- *So kommt es nicht zu einem Gegensatz zwischen Kunden- und Geschäftsinteressen.*
- >*So bleiben die Interessen von Unternehmen und Kunden gleichermaßen gewahrt.*

3.5.9 Keine Floskeln oder veraltete Begriffe

*aufkündigen	>kündigen
*freisprechende Entscheidung	>Freispruch
*gemäß § 1	>nach § 1
*hiezu, hierzu	>dazu
*im Gefolge	>infolge
*in Abrede stellen	>widersprechen, bestreiten
*in weiterer Folge	>danach
*kooptieren	>hinzuwählen
*nunmehr	>nun
*rechtsgeschäftlicher Unternehmenserwerb	>Kauf eines Unternehmens
*rechtsgeschäftliche Veräußerung	>Verkauf
*strafgerichtliche Entscheidung	>Strafurteil
*unter diesen Umständen	>deshalb
*vor diesem Hintergrund	>angesichts

3.6 Komplizierte Texte recht verständlich transformieren

In den vorangegangenen Kapiteln haben wir im Einzelnen die Faktoren für schlechte Verständlichkeit besprochen. Nun möchte ich das Zusammenwirken dieser Maßnahmen an umfangreichen Rechtstexten darstellen. Schrittweise optimieren wir ein Urteil des Verwaltungsgerichtshofs.
VwGH 24. 5. 2016, Ro 2016/01/0001 bis 0004, Rz 23, 24 (JNR 105282):

- *Die dargestellt extrem hohe Zahl an Verfahren stellt für die belangte Behörde – ungeachtet der vom Bund getroffenen bzw. weiterhin zu treffenden personellen Maßnahmen zur Verfahrensbewältigung sohin unzweifelhaft eine extreme Belastungssituation dar, die sich in ihrer Exzeptionalität von sonst allenfalls bei (anderen) Behörden auftretenden, herkömmlichen Überlastungszuständen ihrem Wesen nach, und sohin grundlegend, unterscheidet.*
- *Für den Verwaltungsgerichtshof ist es auch mit Blick auf die erwähnten Gesetzesmaterialien notorisch, dass sich in einer derartigen Situation die Einhaltung von gesetzlichen Erledigungsfristen in bestimmten Fällen als schwierig erweisen kann, zumal die Verpflichtung der belangten Behörde, dafür Sorge zu tragen, dass durch organisatorische Vorkehrungen eine rasche Entscheidung möglich ist, in der dargestellten Ausnahmesituation zwangsläufig an Grenzen stoßen muss.*

Den Monstersatz kürzen. Wie viele Informationseinheiten enthält der erste Absatz?
Zerlegen Sie den ersten Satz in seine Informationseinheiten. So verschwinden die Verschachtelungen.

- Erste Information: Die Zahl an Verfahren stellt für die Behörden eine Belastung dar.
- Zweite Information: Der Bund hat personelle Maßnahmen getroffen und wird weiter Maßnahmen treffen.
- Dritte Information: Die Verfahren stellen eine Belastung dar.
- Vierte Information: Diese Belastungen sind extrem und unterscheiden sich von den herkömmlichen Überlastungszuständen.

Welche Wörter sind unnötig, aufgeblasen oder veraltet? Was kann man weglassen?
Schalten Sie den Floskelscanner ein und besiegen Sie die Blähsprache.

- *Die dargestellt extrem hohe Zahl an Verfahren*
- *> Die besonders hohe Zahl an Verfahren*

- ** ungeachtet der vom Bund getroffenen bzw. weiterhin zu treffenden personellen Maßnahmen*
- *> obwohl der Bund personelle Maßnahmen zur Verfahrensbewältigung getroffen hat bzw. noch treffen wird.*

- ** ihrem Wesen nach, und sohin grundlegend*
- *> (überflüssig)*

- ** Überlastungszustände*
- *> Überlastungen*

- ** Exzeptionalität*
- *> (überflüssig, ist durch extrem und entscheidet sich grundlegend schon ausgesagt)*

Gibt es unnötige Nominalisierungen?

- ** extreme Belastungssituation*
- *> belastet extrem*

- *Verfahrensbewältigung* (dieses Nomen kann bleiben, da es ein Fachbegriff ist. Eine Verbalisierung würde hier zu einem zusätzlichen Nebensatz führen:
- > *Maßnahmen, um Verfahren zu bewältigen)*

Gibt es unnötigen Passivstil?
In diesem Beispiel gibt es keine Passivkonstruktion. Der transformierte erste Satz lautet nun recht verständlich:

- > *Die besonders hohe Zahl an Verfahren belastet die belangte Behörde außerordentlich, obwohl der Bund personelle Maßnahmen zur Verfahrensbewältigung getroffen hat oder noch treffen wird. Die Situation unterscheidet sich grundlegend von Überlastungen, die sonst bei anderen Behörden auftreten.*

Transformieren wir nun den zweiten Satz dieses Urteils.

Monstersatz kürzen: Wie viele Informationseinheiten enthält der zweite Absatz?
Zerlegen Sie den Satz in seine Informationseinheiten. So verschwinden die Verschachtelungen.

- Erste Information: Für den Verwaltungsgerichtshof ist notorisch, dass sich Fristen schwer einhalten lassen.
- Zweite Information: In bestimmten Fällen kann es schwierig sein, Fristen einzuhalten.
- Dritte Information: Die Verpflichtung zu raschen Entscheidungen stößt an Grenzen.

Welche Wörter sind unnötig, aufgeblasen oder veraltet? Was kann man weglassen?
Schalten Sie den Floskelscanner ein und besiegen Sie die Blähsprache.

> **Beispiele**
>
> | | |
> |---|---|
> | * notorisch | >offenkundig |
> | * derartige Situation | >(überflüssig) |
> | * dargestellte | >(überflüssig) |
> | * organisatorische Vorkehrungen | >Maßnahmen in der Organisation |

Gibt es unnötige Nominalisierungen?

- *Die Einhaltung gesetzlicher Fristen*
- >*gesetzliche Fristen einhalten*

Gibt es unnötigen Passivstil?
Dieser Satz enthält kein unnötiges Passiv. Auch der zweite Absatz ist nun verständlich formuliert und bleibt trotzdem fachsprachlich korrekt:

- >*Auch mit Blick auf die erwähnten Gesetzesmaterialien ist es für den Verwaltungsgerichtshof offenkundig, dass sich in dieser Ausnahmesituation gesetzliche Fristen nur schwer einhalten lassen. Die Verpflichtung der belangten Behörde, durch organisatorische Maßnahmen eine rasche Entscheidung zu ermöglichen, muss zwangsläufig an Grenzen stoßen.*

> **Take away**
>
> Rechtstexte sind oft schwer verständlich, zumeist für Laien, aber oft auch für Juristen. Dafür verantwortlich sind nicht die Fachbegriffe, sondern die Syntax. Neun Regeln für verständliche Rechtssprache wurden beschrieben, die es auch Fachleuten ermöglichen, verständlich zu formulieren. An erster Stelle stehen einfache kurze Sätze (1 Informationseinheit = 1 Satz), gefolgt von der Regel: Keine Schachtelsätze. Weitere Regeln beschreiben Grammatikformen, die für schwere Verständlichkeit verantwortlich sind, z. B. Verbal- statt Nominalstil oder Aktiv- statt Passivsätze. Die Letzte Regel fordert die Abschaffung von Floskeln oder veralteten Begriffen.

3.7 Übungstexte zur Verständlichkeit

Transformieren Sie die unverständlichen Texte in verständliche Rechtssprache. Lösungsvorschläge finden Sie im Abschn. 6.1 „Lösungen zu den Übungen für verständliche Rechtssprache".

Übungen A – Einfache kurze Sätze

Übung A 1
Vorher: *Um die Verarbeitung und den Austausch von Daten innerhalb der XY-Bank AG zwecks unternehmensweiter Risikobewertung und -steuerung sowie Anbietens wettbewerbsfähiger, maßgeschneiderter und qualitativ hochwertiger Dienstleistungen und Produkte zu ermöglichen und zu koordinieren, geben wir hiermit folgende Zustimmungserklärungen ab.

Verständlich: > ....

....

....

....

....

....

....

Übung A 2
Vorher: *Mit dem Fokus, den Bereich der gemeinnützigen Organisationen und insbesondere auch den Bereich der Sportvereine u.a. durch entbürokratisierende

> Maßnahmen, auch im Bereich der durch das StRefG 2015/2016 eingeführten Registrierkassenpflicht, weiter zu entlasten, haben nochmals Verhandlungen auf Regierungsebene stattgefunden.

Verständlich: > ....

....

....

....

....

....

Übung A 3
Vorher:

> * Um die Mitarbeit von nahen Angehörigen in Familienbetrieben unbürokratisch zu ermöglichen, soll für kurzfristig unentgeltlich aushelfende Familienangehörige künftig grundsätzlich gelten, dass es sich nicht um ein Arbeitsverhältnis, sondern um „familienhafte Mithilfe" handelt.

Verständlich: > ....

....

....

....

....

Übungen B – Keine Schachtelsätze

Übung B 1
Vorher: *Gestützt darauf, dass er entgegen seinen Erwartungen keine Eigentumswohnung, sondern bloß einen Miteigentumsanteil an einer Liegenschaft erworben habe, macht der Kläger gegen die erstbeklagte Maklerin und den zweitbeklagten Rechtsanwalt die im Revisionsverfahren nur noch maßgebliche Feststellung der Solidarhaftung für einen zukünftigen Schadenseintritt infolge eines jeweils unterlaufenen, näher dargestellten und für sich allein kausalen Aufklärungsfehlers geltend.*

Verständlich: > ....

Übung B 2
Vorher: *Art 54 SDÜ (ne bis in idem) verfolgt zwar das Ziel, einem Betroffenen zu garantieren, dass er sich, wenn*

> er in einem Vertragsstaat verurteilt worden ist und die Strafe verbüßt hat oder gegebenenfalls endgültig freigesprochen worden ist, im Schengen-Gebiet bewegen kann, ohne befürchten zu müssen, dass er in einem anderen Vertragsstaat wegen derselben Tat verfolgt wird.

Verständlich: > ....

....

....

....

....

....

....

Übung B 3

Vorher:
> * Art 3 Abs 2 zweiter Satz Dublin III-VO kann nämlich nur so verstanden werden, dass die Fortsetzung der Prüfung der in Kapitel III vorgesehenen Kriterien, um festzustellen, ob ein anderer Mitgliedstaat als zuständig bestimmt werden kann, sämtliche in diesem Kapitel festgelegte Kriterien zu erfassen hat, sohin auch das in Art 13 Abs 1 Dublin III-VO enthaltene Kriterium.

Verständlich: > ....

....

....

3 Verständlichkeit

....

....

....

....

Übung B 4
Vorher: *Ob ein außergewöhnliches, genehmigungsbedürftiges Rechtsgeschäft vorliegt, richtet sich nach Ansicht des OGH danach, ob infolge der Abänderung die für die Gesellschaft bisher bestehenden Verpflichtungen erweitert oder die den Vertragspartner betreffenden Verpflichtungen verringert werden.*

Verständlich: > ....

....

....

....

....

....

Übungen C – Gerundiv und Infinitivkonstruktionen vermeiden

Übung C 1
Vorher: *Die Dokumentation hat in einer gültigen Amtssprache zu erfolgen.*

Verständlich: > ....

Übung C 2
Vorher: *Der zu bezahlende Betrag ...*

Verständlich: > ....

Übung C 3
Vorher: *... ist es Sache des Verwaltungsgerichts, dafür Sorge zu tragen, ...*

Verständlich: > ....
....

Übung C 4
Vorher: *Der Inverkehrbringer von Pflanzenschutzmitteln hat Aufzeichnungen über die Menge, die Abnehmer und die Vertriebswege zu führen.*

Verständlich: > ....
....
....

Übung C 5
Vorher: *Die Anschaffungskosten sind gegenwärtig mit 10 % des Kaufpreises anzunehmen.*

Verständlich: > ....
....

Übung C 6
Vorher: *Jedenfalls keine krasse Fehlentscheidung ist auch in der Ansicht zu erblicken, ...

Verständlich: > ....

....

Übung C 7
Vorher: Die Richtlinie ist wie folgt auszulegen: ...

Verständlich: > ....

Übungen D – Partizipialkonstruktionen vermeiden

Übung D 1
Vorher: *die den Vertragspartner betreffenden Verpflichtungen

Verständlich: > ....

Übung D 2
Vorher: *Die Parteien werden sämtliche ihnen im Zusammenhang mit dem Vertrag zugänglich gemachten Informationen für 2 Jahre nach Vertragsbeendigung geheim halten.

Verständlich: > ....

....

....

....

Übung D 3
Vorher: *Ich stimme zu, dass ich in regelmäßigen Abständen auf meine Interessen abgestimmte Informationen erhalte.

Verständlich: > ....

....

....

Übung D 4
Vorher: *Gestützt darauf machte der Kläger Ansprüche geltend.

Verständlich: > ....

Übung D 5
Vorher: *Ein auf das von einem anhängigen Abschöpfungsverfahren erfasste Vermögen abzielender Exekutionsantrag darf nicht abgewiesen werden, sondern ist zu bewilligen.

Verständlich: > ....

....

....

....

Übungen E – Präpositionalgefüge vermeiden

Übung E 1
Vorher: *Aufgrund der Verfahrensgarantien, die sich aus dem rechtsstaatlichen Prinzip und den einschlägigen unionsrechtlichen Vorschriften ergeben, Verwaltungsgericht dafür sorgen, dass ein Asylwerber sein Recht auf einen

Rechtsberater auch tatsächlich in Anspruch nehmen kann.

Verständlich: > ....

....

....

....

....

....

Übung E 2
Vorher: ** Gemäß § XY unserer allgemeinen Versicherungsbedingungen unterliegen die Prämien der beantragten Verträge und die Leistungen daraus einer Wertanpassung.*

Verständlich: > ....

....

....

Übungen F – Verbal- statt Nominalstil

Übung F 1
Vorher: ** Einer Glaubhaftmachung dieser Überschreitung durch die versicherte Person bedarf es nicht mehr.*

Verständlich: > ....

....

Übung F 2
Vorher: *Durch diese Maßnahmen soll eine hohe Datenqualität gewährleistet werden, sodass die Feststellung und Überprüfung von wirtschaftlichen Eigentümern zukünftig deutlich erleichtert wird.

Verständlich: > ....

....

....

....

Übung F 3
Vorher: *Die Zustellung der Ware erfolgte in der folgenden Woche.

Verständlich: > ....

....

Übungen G – Aktiv statt passiv

Übung G 1
Vorher: *Wenn Sie nicht der genannte Adressat sind, darf diese E-Mail weder anderen Personen zugänglich gemacht, noch kopiert, weitergegeben oder zurückbehalten werden.

Verständlich: > ....

....

....

....

Übung G 2
Vorher: *Ihre Bank hat uns mitgeteilt, dass die fällige Prämie nicht von Ihrem Konto abgebucht werden konnte.*

Verständlich: > ....

....

Übung G 3
Vorher: *Die Beschlüsse werden mit einfacher Stimmenmehrheit gefasst.*

Verständlich: > ....

....

Übung G 4
Vorher: *Es wird darauf verwiesen, dass die vorbereitende Verhandlung (österr. Tagsatzung) am xx.xx.xxxx, xx.xx Uhr bis xx.xx Uhr im Zimmer xxx stattfinden wird.*

Verständlich: > ....

....

Übungen H – Positiv formulieren

Übung H 1
Vorher: *Der von Ihnen geplante Baubeginn ist mangels einer Bewilligung nach § XY nicht möglich.*

Verständlich: > ....

....

Übung H 2
Vorher: *Wir müssen ein Mahnverfahren (österr. Mahnklage) gegen Sie einleiten, wenn Sie nicht unverzüglich den offenen Betrag überweisen.

Verständlich: > ....

....

....

....

Übung H 3
Vorher: *Wir haben Ihre Unterschrift noch nicht erhalten.

Verständlich: > ....

....

Übung H 4
Vorher: *Verlassen Sie das Gelände nicht ohne vorherige Abmeldung.

Verständlich: > ....

....

Übung H 5
Vorher: *Wir können Ihren Vorschlag nicht annehmen.

Verständlich: > ....

....

Übungen I – Keine Floskeln oder veraltete Begriffe

Übung I 1
Vorher: *Sollten wir innerhalb eines Monats keine Rückmeldung Ihrerseits erhalten, werden wir den Akt außer Evidenz nehmen.

erständlich: > ....

....

....

Übung I 2
Vorher: *Die Mayer Rechtsanwälte GmbH erlaubt sich bekannt zu geben, Herrn Muster rechtsfreundlich zu vertreten und beruft sich die ausgewiesene Rechtsanwaltskanzlei auf die ihr erteilte Vollmacht.

Verständlich: > ....

....

....

....

Literatur

Bandler R, Grinder J (2011) Metasprache und Psychotherapie – Die Struktur der Magie, Teil 1. Junfermann, Paderborn

Bundesministerium der Justiz (2008) Bundesanzeiger, Jahrgang 60, Nummer 160a vom 22. Oktober 2008

Bundesministerium der Justiz und für Verbraucherschutz (2008) Handbuch der Rechtsförmlichkeit. Wien

Dunkl M (2015) Corporate Code – Wege zu einer klaren und unverwechselbaren Unternehmenssprache. Springer Gabler, Wiesbaden

Europäische Kommission (2010) Europäische Strategie zugunsten von Menschen mit Behinderungen 2010–2020: Erneuertes Engagement für ein barrierefreies Europa. Brüssel

Forgó N (1997) Recht sprechen – zur Theorie der Sprachlichkeit des Rechts, Dissertation Universität Wien. Rechtswissenschaftliche Fakultät, Wien

Lutz B (2015) Verständlichkeitsforschung transdisziplinär. Vienna University Press, Wien

Hauptverband der österreichischen Sozialversicherungsträger (2019) Tarifsystem für DienstgeberInnen und LohnverrechnerInnen. Wien

Oppenheimer DM (2006) Consequences of erudite vernacular utilized irrespective of necessity: problems with using long words needlessly. Appl Cogn Psychol 20:139–156 published online 31 October 2005 in Wiley InterScience. https://onlinelibrary.wiley.com/doi/abs/10.1002/acp.1178. Zugegriffen: 26. Febr. 2021

Pittner K, Bermann J (2015) Deutsche Syntax. Narr, Tübingen

Rechtsinformationssystem des Bundes (2021) https://www.ris.bka.gv.at/VfghEntscheidung.wxe?Abfrage=Vfgh&Dokumentnummer=JFT_10079773_91G00126_00&IncludeSelf=True. Zugegriffen: 4. März 2021

Schönherr F (1985) Sprache und Recht. Manz, Wien

Twain M (2012) Ein Yankee an König Arthurs Hof. Aufbau Taschenbuch, Berlin

Wikipedia (2020a) Hamburger Verständlichkeitskonzept. https://de.wikipedia.org/wiki/Hamburger_Verständlichkeitskonzept. Zugegriffen: 26. Febr. 2021

Wikipedia (2020b) Verständlichkeit. https://de.wikipedia.org/wiki/Verst%C3%A4ndlichkeit. Zugegriffen: 3. März 2021

4
Empfängerorientierung

> **Worum geht es?**
> Im vierten Kapitel werden soziopsychologische und psycholinguistische Hintergründe für erfolgreiche Kommunikation vorgestellt. Erkenntnisse aus der klientenzentrierten Gesprächstherapie fließen direkt in Fachkommunikation ein. Der Empfänger steht im Mittelpunkt, ihn gilt es abzuholen, wo er steht. Frames sind Metaphern, die Bilder im Kopf hervorrufen und den Empfänger in eine bestimmte Richtung lenken. Für die erfolgreiche empfängerorientierte Kommunikation werden neun Regeln vorgestellt, die in Vorher-Nachher-Beispielen angewendet werden. Im abschließenden Übungsteil können Sie sich das empfängerorientierte Formulieren aneignen.

Wenn von Rechtssprache die Rede ist, fallen häufig Bezeichnungen wie Behördensprache, Amtsdeutsch, Kanzleistil oder Juristenlatein. All diese Begriffe sind negativ konnotiert. Sie symbolisieren Abgehobenheit, Überheblichkeit, Autorität und Konservativismus. Die Transformationssprache von Experten zu Laien muss sich an den Bedürfnissen und Kenntnissen der Empfänger orientieren. Die Erkenntnisse nicht nur der Verständlichkeitsforschung, sondern auch der Kommunikationsforschung und der Gesprächstherapie helfen dabei. Der Empfänger steht im Vordergrund.

Empfängerorientierung bedeutet, die vier Funktionen der Rechtssprache – Recht, Verbot, Gebot und Information – unmissverständlich darzustellen und gleichzeitig den Erwartungshaltungen der Adressaten zu entsprechen. Empfängerorientierte Texte helfen, Rückfragen zu minimieren und sie bewirken ein positives Image beim Autor. Das gilt nicht nur für die Unternehmenskommunikation, bei der heute zumeist empfängerorientiert formuliert wird. Auch Behörden, Gerichte und Organisationen können so erfolgreich kommunizieren.

Sprachliche Verantwortlichkeit

„Der Begriff der sprachlichen Verantwortlichkeit […] ist […] ethischer Natur und hat eine doppelte Ausrichtung. Vor allem ist er unmittelbar auf die Sprachverwendung bei der Textproduktion gerichtet und bedeutet das (bewusst wahrgenommene) Bedürfnis, bei der Versprachlichung der zu kommunizierenden Inhalte alle vorhandenen sprachlichen Fertigkeiten möglichst adäquat und in vollem Umfang einzusetzen. Dieses Bedürfnis ist vor allem bei der Sprachverwendung im fachlichen Kontext relevant, weil es sich unmittelbar auf die Gewährleistung der Funktion dieses Fachbereichs auswirkt. […] Wie auch bei der fachlichen Verantwortlichkeit bezeugt der Teilnehmer der Fachkommunikation durch die Übernahme der sprachlichen Verantwortlichkeit seine Zugehörigkeit zum Fachbereich und seine Identifikation damit." (Muschinina 2017, S. 123).

Wir haben uns im vorangegangenen Kapitel mit der Grundvoraussetzung von Kommunikation auseinandergesetzt, der Verständlichkeit. Aber auch ein gut verständlicher Text ist noch kein Garant dafür, dass Sie Ihr Kommunikationsziel erreichen. Verstanden heißt noch nicht einverstanden! Jede Ihrer Aussagen enthält auch versteckte Mitteilungen.

4.1 Man kann nicht nicht kommunizieren

Der Sprachwissenschaftler und Psychotherapeut Paul Watzlawick wies darauf hin, dass es keine reine informative Kommunikation gibt. Jeder Kommunikationsakt hat zwei Aspekte: einen Inhalts- und einen

Beziehungsaspekt. Der Inhaltsaspekt ist die sachliche Information. Der Beziehungsaspekt zeigt, wie wir uns zu unserem Gegenüber und der Sache selbst verhalten (Watzlawick o. J.).

Das Kommunikationsquadrat
Der Kommunikationswissenschaftler Friedemann Schulz von Thun erweitert den Kommunikationsakt auf ein Vier-Seiten-Kommunikationsmodell. Es leitet sich ab vom therapeutischen Ansatz des Begründers der klientenzentrierten Gesprächstherapie, Carl Rogers. Nach Schulz von Thun kann jede Äußerung von vier Seiten betrachtet werden. Sie vermittelt einen Sachinhalt, eine Selbstkundgabe, eine Beziehung und einen Appell.

Wie können Sie diese Erkenntnis für Ihre Korrespondenz nutzen? Dafür müssen Sie zwischen den Zeilen lesen können, die Metabotschaften erkennen. Sie müssen sich in Ihr Gegenüber hineindenken. Schulz von Thun spricht auch vom „Hören mit vier Ohren".

- Was will mein Gegenüber aussagen (Sachebene)?
- Was will mein Gegenüber mir über sich mitteilen (Selbstkundgabe)?
- Wie sieht mein Gegenüber unsere Beziehung (Beziehung)?
- Was genau will mein Gegenüber bewirken (Appell)?

(Vgl. Schulz von Thun 2002, S. 34).
Das folgende Beispiel zeigt dies anschaulich:

Beispiel

Ein Ehepaar wartet im Auto vor einer roten Ampel, Sie ist am Steuer. Er ruft: „Du, es ist grün!"

- Sachinhalt: Die Farbe der Ampel hat gewechselt.
- Selbstkundgabe: „Ich habe es eilig!"
- Beziehung: „Ich bin der Aufmerksamere von uns beiden."
- Appell: „Fahr endlich!"

(vgl. Schulz von Thun 2002, S. 34).

Ihr Gegenüber steht im Mittelpunkt
Sie werden mit Ihrem Schreiben erfolgreich sein, wenn Sie einen Perspektivwechsel einnehmen und Ihr Thema aus der Sicht Ihres Adressaten beschreiben. Stellen Sie Ihr Gegenüber in den Mittelpunkt und nehmen Sie seine Perspektive ein. Beschreiben Sie eine Sachlage aus seiner Sicht. So wird es Ihnen leichtfallen, Ihr Gegenüber für sich zu gewinnen. Vergleichen Sie diese beiden Brieftexte:

a) *Mit oben angeführtem Schreiben wurden wir informiert, dass der gegenständliche Vertrag vorzeitig beendet werden soll.*
b) *Sie möchten Ihren Vertrag vorzeitig beenden.*

Die Version a) beschreibt die Sicht des Absenders, die Version b) die Sicht des Empfängers. Der Perspektivwechsel in Version b) löst beim Empfänger das Gefühl aus: „Ja, die haben mich verstanden." Indem zu Beginn des Schreibens das Anliegen mit den Worten des Absenders wiederholt wird (Paraphrase), lässt sich der Empfänger abholen, wo er steht.

„Haben wir unsere Aufmerksamkeit fokussiert und das gehört, was andere beobachten, fühlen und brauchen und worum sie bitten, um ihre Lebensqualität zu verbessern, dann möchten wir vielleicht das, was wir verstanden haben, paraphrasieren, d. h. mit unseren eigenen Worten noch einmal wiedergeben. (…) Haben wir die Aussage der anderen Person richtig verstanden, wird unsere Paraphrase ihr dies bestätigen (Rosenberg 2002, S. 99).

4.2 Frames

Der Linguist George Lakoff stellt fest, „dass die Metapher unser Alltagsleben durchdringt, und zwar nicht nur unsere Sprache, sondern auch unser Denken und Handeln. Unser alltägliches Konzeptsystem, nachdem wir sowohl denken als auch handeln, ist im Kern und grundsätzlich metaphorisch." (Lakoff und Johnson 2018, S. 11 f.).

Lakoff erklärt am Beispiel des Wortes „argumentieren" und der konzeptionellen Metapher „Argumentieren ist Krieg", was ein metaphorisches Konzept ist und wie es eine Alltagshandlung strukturiert. Diese Metapher schlägt sich in unserer Alltagssprache in einer Fülle von Ausdrücken nieder.

> **Beispiel**
> „ARGUMENTIEREN IST KRIEG.
> Ihre Behauptungen sind *unhaltbar*.
> Er *griff* jeden Schwachpunkt in meiner Argumentation *an*.
> Seine Kritik *traf ins Schwarze*.
> Ich *schmetterte* sein Argument *ab*.
> Ich habe noch nie eine Auseinandersetzung mit ihm *gewonnen*.
> Sie sind anderer Meinung? Nun, *schießen Sie los!*
> Wenn du nach dieser *Strategie* vorgehst, wird er dich *vernichten*.
> Er *machte* alle meine Argumente *nieder*" (Lakoff und Johnson 2018, S. 12).

Wörter rufen Bilder im Kopf hervor. Oft bemerken wir gar nicht, wie diese Bilder uns beeinflussen. „In der kognitiven Wissenschaft werden durch Sprache aktivierte Deutungsrahmen als kognitive Frames bezeichnet. Wann immer wir ein Wort hören, aktiviert unser Gehirn ganz automatisch einen Frame, um dem gehörten Wort überhaupt einen Sinn verleihen zu können. Frames sind durch Erfahrungen und Eindrücke strukturiert, die wir im Laufe unseres Lebens sammeln." (Wehling 2014, S. 160).

Wehling beschreibt ein Experiment, bei dem zwei Gruppen den selben Text zu lesen bekamen, in dem schlechte Sichtverhältnisse beschrieben waren. „Danach legte man ihnen je ein Bild vor. Auf dem einen war ein deutlich erkennbarer Elch abgebildet, auf dem anderen Bild hingegen ein schwer erkennbarer Elch. Es wurde gemessen, welche Gruppe den Elch auf ihrem Bild schneller erkennt. Der schlecht erkennbare Elch wurde schneller erkannt! Der Grund: Ihr Gehirn hatte aufgrund des vorherigen sprachlichen Inputs einen Frame aktiviert, der das Simulieren schlechter Sicht beinhaltete. (…) Ein deutlich erkennbarer Elch passte schlicht und ergreifend nicht in den über Sprache aktivierten Frame schlechter Sichtverhältnisse. (…) Die dem Frame entsprechende Information, der schwer erkennbare Elch, wurde hingegen problemlos aufgenommen." (Wehling 2014, S. 160).

Ein Versicherungsunternehmen schreibt auf seiner Website:

- ** Aufgrund neuer EU-Vorgaben sind alle Versicherer seit 1. Oktober 2018 verpflichtet, die Wünsche und Bedürfnisse ihrer Versicherungsnehmer zu ermitteln und vor Vertragsabschluss zu beraten.*

Die Wörter „EU-Vorgabe" und „verpflichten" aktivieren Frames, die die Konzepte Belastung und Zwang beinhalten. Wünsche und Bedürfnisse der Versicherungsnehmer werden also als Last dargestellt.

Beschreibt man den Sachverhalt aus der Perspektive des Kunden und ersetzt „verpflichtet" sein durch „Recht haben", werden Frames aktiviert, die die Konzepte Belohnung und Gerechtigkeit beinhalten. Die Wünsche und Bedürfnisse werden nun positiv wahrgenommen:

- *> Versicherungsnehmer haben ein Recht darauf, dass der Versicherer ihre individuellen Wünsche und Bedürfnisse ermittelt und sie vor Vertragsabschluss berät.*

Die Vorteile der empfängerorientierten Kommunikation liegen auf der Hand: Verträge können zum Beispiel schneller abgeschlossen werden, wenn sich beide Vertragspartner auskennen und ihre Bedürfnisse erfüllt sehen. Denken Sie beim Schreiben immer mit: Wie sieht der Richter/Staatsanwalt/Mandant/Gegner/Kunde das aus seiner Perspektive?

Zielgruppen, Persona

Nicht immer kennen Autoren ihre Adressaten persönlich. Das ist bei vielen Textsorten in der Unternehmenskommunikation und bei Behörden der Fall. Hier verwendet man Textbausteine, die für ganz unterschiedliche Adressaten passen müssen. Um dennoch die Perspektive des Adressaten einnehmen zu können, kann man eine Persona definieren. Die Persona ist eine fiktive Personenbeschreibung. Sie beschreibt den jeweils „typischen" Kunden oder sonstigen Korrespondenzpartner. Um den unterschiedlichen Bedürfnissen der Adressaten besser zu entsprechen, können für ein und dasselbe Thema unterschiedliche Personas definiert werden, z. B. zufriedener Kunde, enttäuschter Kunde, potenzieller Kunde, ehemaliger Kunde.

Eine weitere Adressatendifferenzierung bietet die Methode *Corporate Wording*® des Fachautors Hans-Peter Förster. Er unterteilt die Zielgruppen in vier unterschiedliche Farbtypen: blauer, roter, grüner und gelber Lesertypus. Dabei steht Blau für den faktenorientierten, Rot für den emotionalen, Grün für den konservativen und Gelb für den impulsiven Lesertypus (Förster 1994, S. 124 ff.).

Verstanden heißt nicht einverstanden
Ziel der Empfängerorientierung ist es, bei Ihrem Gegenüber Zustimmung zu bewirken. Besonders Vertragstexte sind nicht nur pure Rechtstexte, sondern erfüllen häufig auch eine Verkaufsfunktion. Ein Beispiel dafür sind Leasingverträge oder Datenschutzerklärungen, die kaufwillige Kunden unterzeichnen müssen. Wer den Vertrag versteht, unterschreibt schneller. Die meisten Regeln der Empfängerorientierung gelten für alle Rechtstextsorten, denn auch Verständlichkeit wird durch empfängerorientiertes Schreiben verbessert. Bei manchen Rechtstexten, vor allem in der Legistik, tritt diese Aufgabe in den Hintergrund. In der juristischen Korrespondenz allerdings und in Texten der Public Relations und des Marketings, möchten Sie nicht nur verstanden werden, sondern auch überzeugen. Einige der folgenden Regeln für empfängerorientiertes Schreiben sind vor allem für Briefe und E-Mails geeignet.

Neun Regeln für empfängerorientiertes Schreiben
1. Der richtige Einstieg
2. Aus der Empfängerperspektive schreiben
3. Ihr Gegenüber steht im Mittelpunkt
4. Komplexität anschaulich darstellen
5. Glaubwürdig bleiben, nicht abschwächen
6. Zwischen den Zeilen lesen
7. Der Dreh ins Positive
8. Keine Blähsprache
9. PS als aktivierender Zusatz

4.3 Beispiele für empfängerorientiertes Schreiben

1. **Der richtige Einstieg: Ihr Gegenüber abholen:** Beginnen Sie nie mit „ich" oder „wir". Stellen Sie sich die Frage: Was erwartet mein Gegenüber? Danach wiederholen Sie das Anliegen Ihres Gegenübers.
   Angefordertes Informationsmaterial:
   - *Sie haben nach ... gefragt.*

   Antwort auf eine Frage:
   - *Sie möchten wissen, ob ...*
   - *Sie warten seit zwei Wochen auf eine Reaktion Ihres Gegners.*

   Antwort auf ein Ansuchen:
   - *Sie würden sich über längere Öffnungszeiten freuen, ...*

   Positive Erledigung einer Retoure etc.:
   - *Sie haben uns den beschädigten Artikel XY zugeschickt.*

   Bestätigung einer Bestellung:
   - *Sie haben den Artikel XY bestellt.*

   Sogar heikle Themen lassen sich paraphrasieren:
   - *Zu Recht hat Sie die unfreundliche Behandlung durch unseren Portier gestört.*

2. **Aus der Empfängerperspektive schreiben:** Mandanten das Gefühl vermitteln, dass ihr Anwalt sie verstanden hat. Dem Richter das Gefühl geben, dass man seine Zeitnot kennt.
   Beispiel:
   - ** Wir wurden mit oben angeführtem Schreiben informiert, dass der gegenständliche Versicherungsvertrag vorzeitig beendet werden soll.*
   - *> Sie möchten Ihren Versicherungsvertrag vorzeitig beenden.*

   Was interessiert den Empfänger? Worum geht es? Beginnen Sie mit dem Wesentlichen.

Beispiel:
- * Unbeschadet spezieller Unionsvorschriften, die auf bestimmte Lebensmittel anwendbar sind, sind die verpflichtenden Angaben gemäß Artikel 9 Absatz 1, wenn sie auf der Packung oder dem daran befestigten Etikett gemacht werden, auf die Verpackung oder das Etikett in einer Schriftgröße mit einer x-Höhe gemäß Anhang IV von mindestens 1,2 mm so aufzudrucken, dass eine gute Lesbarkeit sichergestellt ist (Lebensmittelinformationsverordnung 1169/2011 Artikel 13).

So wird gute Lesbarkeit sichergestellt:

- \> Die verpflichtenden Angaben (nach Artikel 9 Absatz 1) müssen auf der Verpackung oder auf dem Etikett in einer Schriftgröße von mindestens 1,2 mm x-Höhe (siehe Anhang IV) aufgedruckt werden. Dies gilt nicht, wenn es spezielle Unionsvorschriften für bestimmte Lebensmittel gibt (Lebensmittelinformationsverordnung 1169/2011 Artikel 13).

Beispiel:

- * Ein auf das von einem anhängigen Abschöpfungsverfahren erfasste Vermögen abzielender Exekutionsantrag darf nicht abgewiesen werden, sondern ist zu bewilligen.
- \> Ein Exekutionsantrag muss bewilligt werden, wenn er auf das Vermögen abzielt, welches von einem anhängigen Abschöpfungsverfahren erfasst wurde.

3. **Ihr Gegenüber steht im Mittelpunkt:** Beschreiben Sie einen Sachverhalt aus der Perspektive Ihres Gegenübers. Verwenden Sie die direkte Ansprache, anstatt Distanz zu signalisieren.
Beispiel:

- *Es besteht auch die Möglichkeit der Beschwerde bei der Beschwerdestelle des Verbandes der Versicherungsunternehmen Österreichs (VVO).
- \> Sie können sich auch an die Beschwerdestelle des Verbandes der Versicherungsunternehmen Österreichs (VVO) wenden.

Beispiel:

- * Bei Verarbeitung der Daten auf Grundlage einer Einwilligung haben Sie das Recht, diese jederzeit zu widerrufen.
- \> Sie können Ihre Einwilligung zur Verarbeitung der Daten jederzeit widerrufen.

Beispiel:

- * Heute kommen wir auf Ihre Beanstandung vom xx.xx.xxxx zurück und bringen nochmals unser Bedauern zum Ausdruck.
- \> Sie haben uns am xx.xx.xxxx eine Beanstandung geschickt. Es tut uns sehr leid, dass Sie mit dem Artikel nicht zufrieden waren.

Beispiel:

- * Der Kunde wird auf seinen Wunsch zu Wertpapieren beraten. Die Wünsche und Bedürfnisse des Kunden werden aufgrund dessen persönlicher, individueller Situation erhoben.
- \> Sie werden auf Ihren Wunsch zu Wertpapieren beraten. Ihre Wünsche und Bedürfnisse werden in Bezug zu Ihrer persönlichen, individuellen Situation erhoben.

Beispiel:

- * Für den Fall, dass Fragen nicht vollständig oder nicht wahrheitsgemäß beantwortet werden, wird darauf verwiesen, dass die XY Versicherung AG keine Verantwortung für die korrekte Bedarfsermittlung übernimmt und dies zu Nachteilen in Bezug auf den Versicherungsschutz führen kann.
- \> Sollten Sie Fragen nicht vollständig oder nicht wahrheitsgemäß beantworten, übernimmt die XY Versicherung AG keine Verantwortung für die korrekte Beratung und Bedarfsermittlung. Dies kann zu Nachteilen bei Ihrem Versicherungsschutz führen.

Beispiel:

- * Gegen diesen Bescheid kann innerhalb von vier Wochen nach Zustellungschriftlich eine Beschwerde an das Bundesverwaltungsgericht erhoben werden.

- > *Sie können gegen diesen Bescheid innerhalb von vier Wochen nach Zustellung, schriftlich eine Beschwerde beim Bundesverwaltungsgericht einlegen.*

Beispiel:
- ** Der Vertragspartner verpflichtet sich, …*
- *> Sie verpflichten sich, …*

Eine persönliche Ansprache „Sie" ist allerdings in größeren Vertragswerken mit mehreren Vertragspartnern nicht möglich. Auch bei Verträgen zwischen juristischen Personen wäre die persönliche Ansprache nicht geeignet.

4. **Komplexität anschaulich darstellen:** Ein Sachverhalt mag komplex sein, aber das erlaubt nicht, sich kompliziert auszudrücken. Zur Unterscheidung zwischen Komplexität und Kompliziertheit bemerkt der Linguist Benedikt Lutz: „Mit der Bezeichnung ‚Komplexität' soll hier die inhaltliche und sachlogische Dimension adressiert werden, und mit der Bezeichnung ‚Kompliziertheit' die äußere Gestaltung des Textes … Man kann die Komplexität einer Maschine oder eines Computerprogramms bewundern, nicht aber (negativ konnotiert) dessen kompliziertes Benutzerhandbuch oder die komplizierte Programmierung …" (Lutz 2015, S. 57)
Durch Gliederung in deutlich getrennte Absätze (Leerzeilen!) und durch typografische Maßnahmen, wie der Fettdruck wichtiger Wörter lässt sich ein komplexer Inhalt leichter fassbar darstellen. Auch eine bildhafte Sprache statt abstrakter Formulierungen hilft dem Verständnis.

Beispiel

* Antikorruptionsklausel.
Die Parteien verpflichten sich, im Zusammenhang mit der Anbahnung und Durchführung des Vertrages weder selbst noch durch ihre Organmitglieder, Mitarbeiter oder durch von ihnen beauftragte Dritte strafbare Handlungen zu begehen und / oder geltendes Recht und geltende Normen bezogen auf den gegenständlichen Vertrag zu verletzen. Die Parteien verpflichten sich weiterhin in ihrem Geschäfts- und Ver-

antwortungsbereich alle erforderlichen und zumutbaren Maßnahmen zur Vermeidung von Korruption zu treffen.

Insbesondere wird keine Partei nach dem jeweils anwendbaren und geltenden Recht kriminelle Handlungen mit wirtschaftlichem Hintergrund begehen, wie beispielsweise Betrug, Geheimnisverrat, Fälschung von Unterlagen oder Daten, das Anbieten, Versprechen oder die Gewährung von Vorteilen an ein Organmitglied oder Mitarbeiter des Vertragspartners.

Im Falle der Zuwiderhandlung einer Partei gegen diese Antikorruptionsklausel ist die jeweils andere Partei nach vorheriger erfolgloser schriftlicher Abmahnung zur außerordentlichen fristlosen Kündigung dieses Vertrages berechtigt. Im Falle des schwerwiegenden Verstoßes ist eine Abmahnung nicht erforderlich. Schadensersatzansprüche bleiben vorbehalten.

> Antikorruptionsklausel.

Die Parteien verpflichten sich, bei der Anbahnung und Durchführung des Vertrags weder selbst noch durch ihre Organmitglieder, Mitarbeiter oder durch von ihnen beauftragte Dritte strafbare Handlungen zu begehen und / oder geltendes Recht und geltende Normen zu verletzen. Sie werden
- alle erforderlichen und zumutbaren Maßnahmen treffen, um Korruption zu vermeiden,
- keine kriminellen Handlungen mit wirtschaftlichem Hintergrund begehen, wie Betrug, Geheimnisverrat, Fälschung von Unterlagen oder Daten, das Anbieten, Versprechen oder das Gewähren von Vorteilen an ein Organmitglied oder Mitarbeiter des Vertragspartners.

Verstößt eine Partei gegen diese Antikorruptionsklausel, kann die andere Partei den Vertrag fristlos kündigen, wenn sie zuvor erfolglos schriftlich gemahnt hat. Bei einem besonders schweren Verstoß muss sie davor nicht abmahnen. Schadensersatzansprüche bleiben vorbehalten.

Beispiel
- * Die Beschwerde ist bei der Datenschutzbehörde einzubringen und muss die Bezeichnung des angefochtenen Bescheides (GZ, Betreff), die Bezeichnung der belangten Behörde, die Gründe, auf die sich die Behauptung der Rechtswidrigkeit stützt, das Begehren sowie die Angaben, die erforderlich sind, um zu beurteilen, ob die Beschwerde rechtzeitig eingebracht ist, enthalten.

> Die Beschwerde muss bei der Datenschutzbehörde eingebracht werden. Sie muss Folgendes enthalten:
- die Bezeichnung des angefochtenen Bescheides (GZ, Betreff),
- die Bezeichnung der belangten Behörde,
- die Gründe, auf die sich die Behauptung der Rechtswidrigkeit stützt,
- das Begehren
- und die Angaben, die erforderlich sind, um zu beurteilen, ob die Beschwerde rechtzeitig eingebracht worden ist.

5. **Glaubwürdig bleiben, nicht abschwächen:** Schwächen Sie Ihre Aussage nicht durch doppelte Verneinungen und Füllwörter ab.
   - ** Die Maßnahme blieb nicht ohne sofortige Wirkung.*
   - *> Die Maßnahme wirkte sofort.*
   - ** Für etwaige Rückfragen …*
   - *> Für weitere Fragen …*
   - ** … was ein mögliches Risiko darstellt.*
   - *> … was ein Risiko ist.*

6. **Zwischen den Zeilen lesen:** „In der Sprachwissenschaft bezeichnet man Signale und Informationen, die dem Adressaten helfen, eine Nachricht auch richtig zu interpretieren, als Metabotschaften. Das griechische Wort Meta bedeutet „zusammen mit" und „hinter". Zusammen mit jeder Aussage wird also eine weitere Botschaft mittransportiert, hinter jeder vordergründigen Aussage verbirgt sich eine versteckte Botschaft." (Dunkl 2015, S. 90) Was steht hier zwischen den Zeilen?

Beispiel

Sehr geehrte Damen, sehr geehrte Herren!
Leider habe ich meinen Job verloren und meine Frau hat Krebs, dessen Behandlung sehr kostspielig ist. Daher sehe ich mich gezwungen, meine Versicherungspolizze sofort zu kündigen.
Hochachtungsvoll.
Max Muster.

- *Sehr geehrte Damen, sehr geehrte Herren!*
  Das Rufzeichen hinter der Anrede signalisiert Dringlichkeit, üblich wäre ein Komma. Die Anrede ist hingegen standardsprachlich korrekt, verweist also auf Bildungshintergrund.
- *Leider habe ich meinen Job verloren und meine Frau hat Krebs, dessen Behandlung sehr kostspielig ist.*
  Der Schreiber scheint sich bewusst zu sein, dass eine sofortige Kündigung nicht möglich ist und hofft auf Empathie und Verständnis seitens der Versicherungsgesellschaft.
- *Daher sehe ich mich gezwungen, meine Versicherungspolice (österr. Versicherungspolizze) sofort zu kündigen.*
  Der Schreiber möchte seinen Kündigungswunsch nicht als unüberlegten Spontanentschluss erscheinen lassen.
- *Hochachtungsvoll*
  Die Abschiedsformel ist veraltet und verweist auf einen Vertreter der älteren Generation oder auf eine jüngere Person, die eine gewisse Furcht vor der mächtigen Versicherung verspürt.

7. **Der Dreh ins Positive:** Wenn Sie eine unangenehme Mitteilung machen müssen, können Sie durch positives Formulieren die negative Wirkung lindern. Suchen Sie den positiven Aspekt in Ihrer Botschaft. Hängen Sie die Karotte vor die Nase! Fast jede schlechte Nachricht hat auch einen positiven Aspekt.

   - ** Leider ist es uns nicht möglich, Ihnen Angaben zum Servicepartner zu geben, wenn uns keine genauen Artikeldaten vorliegen. Bitte teilen Sie uns daher die näheren Angaben zum Artikel mit.*
   - *> Gerne geben wir Ihnen Hinweise zum Servicepartner. Dazu benötigen wir genaue Angaben zum Artikel.*

8. **Keine Blähsprache:** Sparen Sie Verdoppelungen und nichtssagende Wörter ein. Streichen Sie Füllwörter. Blähen Sie Ihre Sätze nicht unnötig auf.

   - ** Es besteht die Möglichkeit der Beschwerde.*
   - *> Sie können sich beschweren.*
   - ** im hier vorliegenden Fall*
   - *> in diesem Fall*

4 Empfängerorientierung

- \> hier

- * die von der Europäischen Kommission eingerichtete Streitbeilegungsplattform
- \> die Streitbeilegungsplattform der Europäischen Kommission

- * Jedenfalls keine krasse Fehlentscheidung ist auch in der Ansicht zu erblicken, ...
- \> Jedenfalls ist die folgende Ansicht keine krasse Fehlentscheidung: ...

- * Bei Nichtvorliegen einer anderslautenden vertraglichen Bestimmung, ...
- \> Wenn es nicht anders im Vertrag steht, ...

- * Der Gesetzestext hat weitere Präzisierungen erfahren.
- \> Der Gesetzestext wurde weiter präzisiert.

- * das an Jahren älteste Vorstandsmitglied
- \> das älteste Vorstandsmitglied

- * wird auf die Dauer von XY Jahren befristet abgeschlossen
- \> wird auf XY Jahre befristet abgeschlossen

- * vor diesem Hintergrund
- \> deshalb, daher

- * in diesem Lichte betrachtet ...
- \> so gesehen

- *kooptieren
- >hinzuwählen

- *Abfertigungen betraglich begrenzen
- >Abfertigungen begrenzen

Ein Beispiel für Blähsprache aus einer Geheimhaltungserklärung:

> **Beispiel**
> - * Die Parteien verpflichten sich, jegliche Information im Sinne des Punktes 2. streng vertraulich zu behandeln und dafür Sorge zu tragen, dass unbefugte Dritte, insbesondere Personen außerhalb des Unternehmens der anderen Partei, keine Kenntnis hiervon erlangen können. Diese Verpflichtung zur Geheimhaltung der erlangten Informationen schließt insbesondere die Pflicht ein, vertrauliche Informationen gemäß Punkt 2. nicht für wettbewerbliche Zwecke zu nutzen. Weiters verpflichtet sich der Dienstleister, dass diese vertraulichen Informationen nicht in irgendeiner Weise ohne ausdrückliche vorherige Zustimmung der XY GmbH verwendet werden, insbesondere für eigene Zwecke des Dienstleisters.
> - >Die Parteien behandeln jegliche Information im Sinne des Punktes 2 streng vertraulich. Sie sorgen dafür, dass unbefugte Dritte keine Kenntnis von diesen Informationen erlangen können. Vertrauliche Informationen dürfen nicht für wettbewerbliche Zwecke genutzt werden. Der Dienstleister verpflichtet sich, solche vertraulichen Informationen nur nach ausdrücklicher vorheriger Zustimmung der XY GmbH zu verwenden.

9. **PS als aktivierender Zusatz:** Das Postskriptum, abgekürzt PS, steht in Briefen nach der Unterschrift. In E-Mails sollte das PS aber nicht erst nach der vollständigen Signatur mit allen Kontaktdaten stehen, sondern gleich unter dem Namen des Absenders. Ansonsten ist die Gefahr groß, dass das PS im Browserrahmen verschwindet, denn nur in Ausnahmefällen scrollt man eine Signatur bis zum Ende durch. Laut Direct-Marketing-Experten lesen Adressaten das PS noch vor

dem eigentlichen Brieftext. So können wichtige Informationen besonders hervorgehoben oder wiederholt werden. Das PS sollte daher in Fettdruck geschrieben werden. Als PS gut geeignet sind auch Claims, Slogans oder Bekenntnisse und Glaubenssätze sowie Leistungsversprechen (siehe CCM 5, CCM 6, CCM 13, CCM 14 in Abschn. 5.3)

- *Das Original im Rechtsschutz sorgt dafür, dass Sie zu Ihrem Recht kommen (D.A.S. Rechtschutz AG).*
- *Wir machen das Wetterrisiko trotz Klimawandel kalkulierbar (Die Österreichische Hagelversicherung).*
- *Wir wollen Hunger und Armut beseitigen (Das Hilfswerk International).*

Take away

Verstanden heißt nicht einverstanden! Jede Äußerung hat verschiedene Seiten. Erfolgreiches Formulieren gelingt, wenn man sich in den Empfänger versetzt. Methoden aus der Kommunikationsforschung und der Psychotherapie lassen sich auch beim Schreiben von Rechtstexten anwenden. Neun Regeln für empfängerorientiertes Schreiben wurden vorgestellt. Es gilt, den richtigen Einstieg zu finden und den Empfänger in den Mittelpunkt zu stellen. Sie können einen komplexen Sachverhalt anschaulich darstellen, wenn Sie ihn aus Perspektive Ihres Gegenübers beschreiben.

4.4 Übungstexte zur Empfängerorientierung

Übungen J – Der richtige Einstieg

Übung J 1
Vorher: *Sehr geehrter Herr Muster,
wir fragen an, ob die Gegenseite bezahlt hat und somit keine weiteren Schritte notwendig sind.

Empfängerorientiert: > ....

....

Übung J 2
Vorher: *Sehr geehrte Damen und Herren,
wir beziehen uns auf Ihren Versicherungsantrag vom 14.11.2020.

Empfängerorientiert: > ....

....

Übung J 3
Vorher: * Die korrekte Feststellung des von Ihnen gemeldeten Schadens ist uns wichtig, dazu benötigen wir ...

Empfängerorientiert: > ....

....

4 Empfängerorientierung

Übungen K – Ihr Gegenüber steht im Mittelpunkt

Übung K 1
Vorher: *Für die bestmögliche Beratung ist die XY Versicherung AG bei der Erhebung der relevanten Risikodaten und Bedürfnisse des Kunden auf dessen Unterstützung angewiesen.

Empfängerorientiert: > ....

....

....

....

Übung K 2
Vorher: *Wir haben Ihren Antrag vom 14.11.2020 gerne angenommen. Hier senden wir Ihnen Ihre Police.

Empfängerorientiert: > ....

....

Übung K 3
Vorher: *Es ist wichtig, dass die Unterlagen bis zum ... bei uns einlangen.

Empfängerorientiert: > ....

....

Übung K 4
Vorher: *Firma XY (eigene Firma) und der Vertragspartner verpflichten sich, ...

Empfängerorientiert: > ....

....

Übungen L – Komplexität anschaulich darstellen

Übung L 1
Vorher: *In der umseitig bezeichneten Rechtssache teilt die beklagte Partei mit, dass sie XY mit der Vertretung ihrer rechtlichen Interessen beauftragt und bevollmächtigt hat, und beantragt sohin, das Vollmachtsverhältnis zur Kenntnis zu nehmen und hinkünftig sämtliche gerichtlichen Verfügungen und Ladungen (auch) zu Handen ihres ausgewiesenen Rechtsvertreters vorzunehmen.

Empfängerorientiert: > ....

Übung L 2
Vorher: *Zu der im Betreff genannten Rechtssache hat das
            Bezirksgericht für Handelssachen Wien unserem An-
            trag Folge gegeben und die beiden anhängigen Ver-
            fahren miteinander verbunden, wobei das Verfahren
            xxxxxxxxx führend ist und gleichzeitig darauf ver
            weisen wird, dass die vorbereitende Tagsatzung am
            xx.xx.xxxx, xx.xx Uhr bis xx.xx Uhr im Zimmer xxx
            stattfinden wird.

Empfängerorientiert: > ....

....

....

....

....

....

....

Übungen M – Glaubwürdig bleiben, nicht abschwächen

Übung M 1
Vorher: *Etwaige Beschwerden können Sie über die auf www.
            XY. genannten Kontaktmöglichkeiten direkt an die XY
            AG richten.

Empfängerorientiert: > ....

....

....

Übung M 2
Vorher: *Wir hoffen, Ihnen mit diesen Informationen geholfen zu haben und würden uns freuen, Sie auch weiterhin als zufriedene Kundin in unseren Filialen begrüßen zu dürfen.

Empfängerorientiert: > ....

....

....

....

Übung M 3
Vorher: *Wir haben die optimalste Strategie für Sie entwickelt.

Empfängerorientiert: > ....

....

Übungen N – Blähsprache

Übung N 1
Vorher: *Bei Verarbeitung der Daten auf Grundlage einer Einwilligung haben Sie das Recht, diese jederzeit zu widerrufen.

Empfängerorientiert: > ....

....

....

Übung N 2
Vorher: *Der Gesetzestext hat weitere Präzisierungen erfahren.

Empfängerorientiert: > ....

....

Übung N 3
Vorher: *Nach dem vorliegenden Art XY besteht ein Risikoausschluss.

Empfängerorientiert: > ....

....

Übung N 4
Vorher: *Die betreffenden Rechnungen verstoßen gegen die fragliche Regelung.

Empfängerorientiert: > ....

....

Übung N 5
Vorher: *Bei seiner Vernehmung hat sich XY ausführlich zu seiner Motivlage geäußert.

Empfängerorientiert: > ....

....

Übung N 6
Vorher: *Der Beschluss muss abgeändert werden.

Empfängerorientiert: > ....

Übung N 7
Vorher: *Den Erwägungen liegt der Grundgedanke zugrunde …

Empfängerorientiert: > ....

....

Übung N 8
Vorher: *Der Beklagte stellt das in Abrede.

Empfängerorientiert: > ....

....

Übung N 9
Vorher: *Herr XY reservierte und buchte einen Flugschein, der ihn dazu berechtigte, eine Reihe von Flügen, die von AIR XX durchgeführt wurden, in Anspruch zu nehmen.

Empfängerorientiert: > ....

....

....

Übung N 10
Vorher: *entsprechend der Bestimmungen der Hausordnung

Empfängerorientiert: > ....

Literatur

Dunkl M (2015) Corporate Code – Wege zu einer klaren und unverwechselbaren Unternehmenssprache. Springer Gabler, Wiesbaden

Förster H-P (1994) Corporate Wording: Konzepte für eine unternehmerische Schreibkultur. Campus, Frankfurt a. M.

Lakoff G, Mark J (2018) Leben in Metaphern – Konstruktion und Gebrauch von Sprachbildern. Carl-Auer-Systeme, Heidelberg

Lutz B (2015) Verständlichkeitsforschung transdisziplinär. Vienna University Press, Wien

Mushchinina M (2017) Sprachverwendung und Normenvorstellung in der Fachkommunikation. Frank & Timme, Berlin

Rosenberg MB (2002) Gewaltfreie Kommunikation – eine Sprache des Lebens. Junfermann, Paderborn

Schulz von Thun F (2002) Miteinander reden: Kommunikationspsychologie für Führungskräfte. Rowohlt Taschenbuch, Reinbek

Watzlawick P (o. J.) Die Axiome von Paul Watzlawick. https://www.paulwatzlawick.de/axiome.html. Zugegriffen: 2. März 2021

Wehling E (2014) Sprache, Werte, Frames in: Sprache. Macht. Denken. Campus, Frankfurt a. M.

5
Sprachstil und Corporate Code

> **Worum geht es?**
>
> Das letzte Kapitel zeigt die Möglichkeit auf, mittels sprachstilistischer Werkzeuge einen Text unverwechselbar zu formulieren, zur Autorin oder zum Autor passend. Sprachstil ist ein Persönlichkeitsmerkmal. Auch Organisationen, Unternehmen, Behörden oder Anwaltskanzleien haben eine Persönlichkeit, genannt Corporate Identity. Organisationstexte können mehr oder weniger organisationstypisch markiert sein. Ein Bestandteil der Corporate Identity ist der Corporate Code. 27 Corporate-Code-Marker definieren den Sprachstil. Ein Corporate-Code-Marker kann festlegen, welche Synonyme zum Namen einer Organisation zulässig sind, andere Marker regeln zum Beispiel die Grußformeln oder das Gendern. In diesem Kapitel werden alle 27 Corporate-Code-Marker mit vielen Praxisbeispielen erläutert.

Die Macht der Wörter

Die amerikanische Psychologin Elisabeth Loftus von der University of California, Irvine, zeigte in einem berühmten Experiment, welchen Einfluss die Wortwahl auf das Gedächtnis hat. Versuchspersonen sahen ein Video, in dem ein heftiger Autounfall zu sehen war. Danach fragte die Psychologin die eine Hälfte der Versuchspersonen:

„Wie schnell waren die Fahrzeuge, als sie *zusammenstießen*?" Der Durchschnitt betrug 50 km/h. Der anderen Hälfte stellte sie die Frage „Wie schnell waren die Fahrzeuge, als sie *ineinanderknallten*?" Nun betrug der Durchschnitt 65 km/h. Außerdem fragte sie die Versuchspersonen, ob sie Glasscherben gesehen hätten. Daran konnte sich aus der ersten Gruppe kaum jemand erinnern. Wesentlich mehr Personen aus der zweiten Gruppe glaubten, Glasscherben gesehen zu haben (Shaw 2019, S. 122).

Elisabeth Loftus forscht über das Erinnern und Vergessen. Ihr Experiment beweist, wie leicht wir uns falsch erinnern können. Für uns ist hier aber von Bedeutung, wie stark der Einfluss des Sprachstils auf die Wahrnehmung ist.

5.1 Corporate Identity

Um im Wirtschaftsleben erfolgreich zu sein, müssen sich Unternehmen und ihre Produkte oder Dienstleistungen unverwechselbar und wiedererkennbar darstellen. Logos, Farben, Verpackungen und Websites werden einheitlich gestaltet. Das nennt man Corporate Design (CD). CD ist Bestandteil der Corporate Identity (CI). Die Begriffe CD und CI werden oft verwechselt. CI ist das das Selbstverständnis eines Unternehmens. CI beschreibt bindende Prinzipien für das Verhalten, die Kommunikation und das Erscheinungsbild. Ziel ist es, eine unverwechselbare Unternehmenspersönlichkeit erkennbar zu machen. Neben dem optischen Erscheinungsbild und dem Verhalten (der Unternehmensleitung und des Personals) spielt also auch die Kommunikation eine wichtige Rolle für die Unverwechselbarkeit. Kommunikation bedient sich hauptsächlich der gesprochenen und geschriebenen Sprache.

5.2 Corporate Code

Damit der Sprachstil eines Unternehmens zum Unternehmensstil passt, müssen individuelle Sprachstilregeln entwickelt und befolgt werden. Einen Sprachstil, der verständlich, empfängerorientiert und unverwechselbar ist, bezeichne ich als Corporate Code (Dunkl 2015). Dabei definieren 27 Corporate-Code-Marker den Sprachstil eines Unternehmens oder einer Institution. Corporate-Code-Marker „sind die Steuerimpulse für einen unternehmenstypischen Sprachstil. Ein Corporate-Code-Marker kann beispielsweise vorgeben, ob Adressaten geduzt oder gesiezt werden. Ein anderer Marker wiederum ist dafür verantwortlich, ob explizit Fachausdrücke eingesetzt werden sollen oder umgangssprachliche Synonyme. Der Corporate Code eines Unternehmens wird von vielen unterschiedlichen Markern gesteuert. Ihre vereinte Wirkung macht einen Text als von einem bestimmten Unternehmen stammend erkennbar. Unternehmenstexte können mehr oder weniger stark unternehmenstypisch markiert sein." (Dunkl 2015, S. 144).

Moderne Rechtssprache statt Juristendeutsch
Auch Rechtsanwälte, Notare, öffentliche Einrichtungen, Ministerien und Behörden definieren heutzutage ihre Werte und Ziele in Leitbildern, um zu einer einheitlichen Corporate Identity zu gelangen. Für die Umsetzung dieser Leitbilder im täglichen Leben spielt der passende Sprachstil eine wesentliche Rolle. Im Folgenden finden Sie die der Liste Corporate-Code-Marker mit Beispielen von Organisationen und Unternehmen, die besonders viel oder ausschließlich mit Rechtstexten arbeiten. Finden Sie den zu Ihrer Organisation passenden Sprachstil mithilfe der folgenden 27 Corporate-Code-Marker!

5.3 Die 27 Corporate-Code-Marker (CCM)

CCM 1 Firmenname
Der Firmenname hat natürlich den höchsten Corporate-Code-Faktor. In der Unternehmenskommunikation wird zwischen dem Legal Name und dem Brand Name unterschieden

- Legal Name: *D.A.S. Rechtsschutz AG*
- Brand Name: *Die D.A.S.*

Üblicherweise wird der Legal Name nur in Rechtstexten verwendet, während der Brand Name bei Werbebotschaften und im Journalismus zum Einsatz kommt. Behörden, Gerichte und anderen öffentlichen Institutionen tragen oft lange Namen, die aus vielen Einzelwörtern zusammengesetzt sind. Um sie leichter aussprechen zu können, werden Kurzformen und Akronyme verwendet:

> **Beispiele**
> - Legal Name: *Bundesministerium für Soziales, Gesundheit, Pflege und Konsumentenschutz*
> - Brand Name: *Sozialministerium*
> - Akronym: *BMSGBK*
>
> - Legal Name: *Höhere Graphische Bundes-Lehr- und Versuchsanstalt Wien XIV*
> - Brand Name: *Die Graphische*
> - Akronym: *HGBLVA*

CCM 2 Umschreibungen des Firmennamens
In der Unternehmenskommunikation und im Journalismus werden für den Firmen- oder Behördennamen gerne auch beschreibende Synonyme verwendet. Solche Synonyme sind oft umgangssprachlich:

> **Beispiele**
> - *Deutschlands älteste Brauerei* (Brauerei Weihenstefan)
> - *Der Spezialist für Rechtsschutz* (D.A.S.)

- *Die 48er* (Wien, Magistratsabteilung 48)
- *Das Graue Haus* (Justizanstalt Wien-Josefstadt)
- *Das Hohe Haus* (Parlament in Berlin oder Wien)
- *Das Landl* (Landesgericht für Strafsachen Wien)
- *Die Hüter der Verfassung* (Richter des österreichischen Verfassungsgerichtshofes)

CCM 3 Bezeichnungen für das Personal

Bezeichnungen für das Personal bieten die Möglichkeit, auf besondere Qualifikation der Mitarbeitenden hinzuweisen.

- *Unsere Experten für Zukunftsvorsorge*
- *Regionalmanager und Regionalmanagerin*
- *Tagesmutter*
- *Help-Desk-Team*

Personalbezeichnungen können auch den Firmennamen wiederholen und so den Corporate-Code-Faktor stärken:

- *ÖAMTC-Juristinnen und -Juristen*
- *Das Sacher-Team*
- *Demelinen (Servicemitarbeiterinnen des Café Demel, Wien)*
- *Siemensianer*

CCM 4 E-Mail-Signatur

Die E-Mail-Signatur muss selbstverständlich für alle Mitarbeitenden gleich strukturiert sein. Sie enthält den Legal Name, den Unternehmens- oder Behördensitz sowie sämtliche Kontaktdaten des Absenders. Ein Link auf die Website der Organisation ist üblich. Von der Abbildung des Logos ist abzuraten, da es als Dateianhang beim Herunterladen von benötigten Attachments leicht versehentlich mitgeladen wird. Ein Claim (CCM 5) am Ende der Signatur ist allerdings sehr zu empfehlen.

CCM 5 Claim

Der Claim (englisch für abgestecktes Terrain zum Goldschürfen) benennt die Kernkompetenz der Marke kurz und prägnant beim Namen.

> **Beispiele**
>
> - *Freude am Fahren* (BMW)
> - *Wohnst du noch oder lebst du schon?* (Ikea)
>
> Claims von Anwälten, Behörden und Organisationen:
>
> - *We deliver clarity/Wir schaffen Klarheit* (Dorda, Wien)
> - *Anwalt geht auch anders* (Boss, Bochum)
> - *Wir setzen uns gerne für Sie und Ihr Recht ein!* (Donnerbauer und Partner, Wien)
> - *Stark für Sie* (Rechtsanwaltskammer Wien)
> - *Ihre Rechtsanwälte für jeden Fall* (Rechtsanwaltskammer Tirol)
> - *Ihr Rechtsanwalt. Für jeden Fall* (Rechtsanwaltskammer Steiermark)
> - *Wir sprechen für Ihr Recht* (Rechtsanwaltskammer Vorarlberg)

Der Claim wird auf Drucksorten üblicherweise neben dem Logo platziert. Durch seine prominente Position in der Nähe des Logos und seine langfristige Verwendung hat der Claim einen hohen Corporate-Code-Faktor. Bei E-Mails kann der Claim nach der Verabschiedungsformel als Postskriptum (CCM 22) platziert werden.

CCM 6 Slogan

Ein Slogan ist von einem Claim zunächst nicht zu unterscheiden. Zwei Aspekte machen den Unterschied: Erstens ist ein Slogan von kurzer Lebensdauer, während ein Claim viele Jahre hindurch eingesetzt wird. Zweitens drückt ein Claim allgemeine und grundsätzliche Werte einer Organisation aus, während ein Slogan oft nur Einzelaspekte einer Corporate Identity ausdrückt.

> **Beispiele**
> - *We kehr for you* (Wien, Magistratsabteilung 48)
> - *Wenn's einer kann, dann Attensam* (Hausbetreuung Attensam)

Auch der Slogan ist als Postskriptum (CCM 22) geeignet.

CCM 7 Fachsprache
Wenn Sie juristische Fachsprache verwenden, signalisiert das Ihre Kompetenz in Rechtsfragen. Das trifft besonders auf die Lexik zu, also auf die Fachwörter (CCM 17). In der Transformationssprache müssen Fachbegriffe für Laien erklärt werden.

> **Beispiel**
> - *Obliegenheit:* Eine Obliegenheit bezeichnet im Schuldverhältnis Pflichten, die vom Gläubiger nicht eingeklagt werden können und bei deren Verletzung sich der Schuldner auch nicht schadenersatzpflichtig macht.

CCM 8 Jugendslang
In juristischen Texten ist Jugendslang kaum vorstellbar. Eine Ausnahme sind Informationstexte, die speziell für Jugendliche, vor allem in Social Media, verfasst werden. Eine Gefahr besteht darin, bereits veraltete Slangausdrücke zu verwenden, Jugendslang ist sehr kurzlebig.

CCM 9 Umgangssprache und geschriebene Mündlichkeit (Informelle Sprache)
Geschriebene informelle Sprache hat fünf relevante Merkmale:

- Emojis: ☺
- Ausrufe: *Schade, dass Sie unser Angebot nicht annehmen!*
- Duzen: *Nähere Informationen findest du in unserer Datenschutzerklärung.*
- Ellipsen: *Sonst noch was?*
- Gesprächspartikel: *Hm, Ihr Angebot ist aber schon ziemlich hoch.*

In digitalen Medien wie Twitter, Facebook und Instagram wird Umgangssprache verwendet. Auch Rechtstexte werden heute über Social Media kommuniziert. In der anwaltlichen Korrespondenz oder bei der Kommunikation von öffentlichen Einrichtungen können sich diese „durch Umgangssprache menschennah, locker und modern präsentieren. Informelle Sprache impliziert gute Beziehung, fördert die Nähe und fördert Sympathie." (Janina Hofmann, Vortrag beim Round Table „Sprache" des Public-Relations-Verbandes PRVA im Haus der Industrie, Wien, 14.01.2019).

Hofmann hat im Rahmen ihrer Masterthesis 201 Personen befragt, wie sie informelle Sprache empfinden. Ihre Studie wurde 2019 mit dem Wissenschaftspreis des PRVA ausgezeichnet. Sie kommt zum Schluss: „Informelle Sprache in der Unternehmenskommunikation wird von der jüngsten Altersgruppe (16–35 Jahre) als signifikant angemessener eingeschätzt als von den älteren (36–55 Jahre und 56–75 Jahre. (…) Je mehr eine Person in ihrer persönlichen Sprache informelle Sprache verwendet, desto angemessener schätzt sie deren Verwendung in der Unternehmenskommunikation ein." (Hofmann 2018, S. 115).

„Selbstverständlich ist dieser Sprachstil nicht für jedes Unternehmen gleichermaßen geeignet, da es für manche Unternehmen durchaus eine Strategie sein mag, eine professionelle Distanz zu ihren KundInnen zu wahren. Für Unternehmen jedoch, deren Strategie es vorsieht, Nähe zu den RezipientInnen aufzubauen, kann informelle Sprache ein sehr hilfreiches Mittel sein." (Hofmann 2018, S. 118) Jede Organisation muss für sich entscheiden, auf welchen Kanälen und für welche Zielgruppen sie welchen Sprachstil verwendet. Im Sinne einer einheitlichen Corporate Identity wäre ein einziger durchgängiger Sprachstil wünschenswert. Es zeigt sich jedoch, dass die Zweigleisigkeit formell im analogen Bereich (Brief, Info- und Werbebroschüren) und informell in den digitalen Medien, durchaus erwartet und akzeptiert wird.

CCM 10 Dialekt
Dialekt ist in Rechtstexten nicht möglich. Bereits in der Standardsprache gibt es viele synonyme Begriffe, die in der Rechtssprache andere Bedeutung haben. Dialektausdrücke stellen noch eine dritte

Bedeutungsvariante dar, was die Gültigkeit und Verständlichkeit von normativen Texten behindert.

CCM 11 Bezeichnungen für Produkte und Dienstleistungen
Häufig existieren in Organisationen unterschiedliche Bezeichnungen für dieselben Tätigkeiten. Dieser Corporate-Code-Marker sorgt für Klarheit. Für alle Tätigkeiten einer Organisation muss ein Katalog der zulässigen Begriffe angelegt werden (Whitelist):

- *Kundendienst/Kundenservice/Kunden-Center /*
- *Service-Center/Service-Point/Customer-Service/Help-Desk*

Auch Produkte und Dienstleistungen können durch Integration des Organisationsnamens zu Branding beitragen.

- *ExtremBilla!*
- *Googeln*
- *Xerokopieren*
- *McCafé, Chicken McNuggets*

CCM 12 Bezeichnungen für Prozesse und Werkzeuge
Prozesse und Werkzeuge müssen ebenfalls einheitlich benannt werden. Dazu müssen sich die jeweiligen Fachabteilungen einer Organisation in einer Redaktionssitzung zusammensetzen. Dieses Redaktionsteam muss einmal jährlich die Gültigkeit der Whitelist prüfen und aktualisieren. Eine Blacklist verbietet veraltete Begriffe und eine Whitelist nennt die erwünschten neuen Bezeichnungen.

> **Beispiele**
> Welche Bezeichnung gilt?
> - *Bewilligung/Genehmigung?*
> - *Amtliche Mitteilung/Amtliche Information/Amtsmitteilung/Kundmachung?*
> - *Sichern/Speichern/Zuordnen?*
> - *Anmelden/Login?*

Auch Wortneuschöpfungen (Neologismen) bieten sich an.

> **Beispiele**
> - *DepoDays* (Publikums-Event auf einer Mülldeponie der MA 48 Wien)
> - *Albert Patent Bot* (Frage-Antwort-Bot des Österreichischen Patentamts)
> - *FamilienApp* (App des Bundesministeriums für Frauen, Familien und Jugend)
> - *Digi4family* (Initiative des Familienministeriums zur Steigerung der Medienkompetenz)
> - *ERASMUS* (EuRopean Community Action Scheme for the Mobility of University Students)

CCM 13 Bekenntnisse und Glaubenssätze

Sprechen Sie aus, was Ihnen wichtig ist. Hier kann aus dem Leitbild zitiert werden.

> **Beispiele**
> - *Wir sind das klimafreundlichste Versicherungsunternehmen Österreichs.*
> - *Unsere Kunden liegen uns am Herzen.*

CCM 14 Leistungsversprechen

> **Beispiele**
> - *Wir garantieren nachhaltige Entwicklungszusammenarbeit.*
> - *Wir leisten Hilfe zur Selbsthilfe.*

CCM 15 Fahnenwörter

Statt konkrete Leistungsversprechen in einen Unternehmenstext einzuflechten, kann man auch Fahnenwörter einsetzen. Fahnenwörter sind Begriffe, die grundsätzliche Werte signalisieren, z. B. *Sicherheit, Pflege, Nachhaltigkeit etc.* (Dunkl 2015, S. 171).

> **Beispiel**
>
> Fahnenwort „Freude" bei BMW:
> - *Freude am Fahren* (Claim)

> - *Viel Freude an Ihrem neuen BMW* (Betriebsanleitung)
> - *Freude pur* (Inseratenheadline).

CCM 16 Wortfelder

„Wortfelder bestehen aus Wörtern, die in einem bedeutungsgemäßen Zusammenhang stehen und drücken durch synonyme Begriffe Ähnliches aus. Sie erweitern die Ausdrucksmöglichkeiten und verhindern das eintönige Wiederholen der wenigen Fahnenwörter eines Corporate Codes. Da ein einzelnes Wort mehrere Bedeutungen haben kann, setzen sich Wortfelder aus benachbarten Bedeutungsfeldern zusammen. Die Feldgrenzen sind dabei fließend." (Dunkl 2015, S. 172).

> **Beispiele**
>
> Beispiel für das Wortfeld rund um den Begriff „Pflicht":
> 1. Bedeutungsfeld „Anspruch": *Auflage, Gebot, Legalität, Verpflichtung, Obliegenheit*
> 2. Bedeutungsfeld „Befehl": *Anweisung, Dekret, Erlass, Gebot, Verfügung*
> Beispiel für das Wortfeld rund um den Begriff „Gerechtigkeit".
> 1. Bedeutungsfeld „Moral": *Loyalität, Neutralität, Fairness, Aufrichtigkeit, Unparteilichkeit*
> 2. Bedeutungsfeld „Legalität": *Gesetzmäßigkeit, Objektivität, Rechtmäßigkeit*

CCM 17 Hochwertwörter

Dabei handelt es sich oft um Komposita, deren Bestandteile für die jeweilige Branche typisch sind und im jeweiligen Kontext positive Signalwirkung haben.

> **Beispiele**
>
> - *Interessensausgleich*
> - *Markenmonitoring*
> - *Mutterschutz*
> - *Nachvollziehbarkeit*
> - *Rechtssicherheit*

- *Schutzrecht*
- *Sozialgerechtigkeit*
- *Steuerfreiheit*
- *Vorratsdatenspeicherung*

Fugen-s: Schmerzensgeld oder Schmerzengeld? Bei vielen Komposita gibt es zwischen den beiden ursprünglich eigenständigen Wörtern an der Nahtstelle ein Fugenelement, zumeist den Buchstaben s. Zum Beispiel wird aus *Recht* und *Anwalt* Recht**s**anwalt, aus Vertrag und Abteilung wird Vertrag**s**abteilung.

> **Beispiel**
> Googelt man *Schmerzensgeld,* erbringt das 1.420.000 Einträge. Googelt man *Schmerzengeld,* bringt es nur 70.500 Einträge, außerdem korrigiert Google „Stattdessen suchen nach Schmerzensgeld." (Abfrage am 5.10.2019) Alltagssprachlich überwiegt also das Fugen-s. Allerdings lautet in Österreich, im Gegensatz zu Deutschland, der Rechtsbegriff Schmerzengeld.

Die Suche nach dem Begriff *Schadensersatz* erbringt bei Google doppelt so viele Einträge, wie der Begriff ohne Fugen-s *Schadenersatz*. Auch hier zeigt sich, dass alltagssprachlich die Komposition mit Fugen-s geläufiger ist. Allerdings bemerkt Wikipedia: „… in Österreich grundsätzlich nur in der Schreibweise Schadenersatz anzutreffen." (Wikipedia 2021, Abfrage am 08.02.2021).

Es gibt keine einheitliche Regelung, ob und wann ein Fugen-s eingefügt werden soll. Wenn es sich um reine Fachsprache handelt, also Rechtstexte von Experten für Experten, scheint der Verzicht auf das Fugen-s angemessen zu sein. Handelt es sich jedoch um Transformationssprache, also von Experten für Laien, wäre die Schreibweise mit Fugen-s passender.

CCM 18 Negative Begriffe

Negative Botschaften können oft auch positiv formuliert werden. In einer Blacklist müssen alle negativen Begriffe und der positive Gegenbegriff angeführt werden. Im Corporate Code nennt man das Re-Wording.

> **Beispiele**
> - *Beförderungsfälle*
> - >*Reisende, Passagiere*
>
> - *Preise erhöhen*
> - >*Preise anpassen*
>
> - *Vertrag beenden*
> - >*Vertrag kündigen*

CCM 19 Begrüßungsformel
Gerade in der Begrüßungsformel können Sie sprachstilistisch feine Nuancen setzen. In der Reihenfolge von antiquiert bis progressiv:

> **Beispiele**
> - *Sehr geehrte Frau Doktor!*
> - *Sehr geehrte Frau Dr. Müller!*
> - *Sehr geehrte Frau Dr. Müller,* (Komma statt Rufzeichen)
> - *Sehr geehrte Frau Müller* (Weglassung des akademischen Titels)
> - *Hallo Frau Dr. Müller,*
> - *Hallo Frau Müller,*
> - *Hallo Maria Müller, Sie haben …* (weiter per Sie)
> - *Hallo Maria Müller, Du hast …* (weiter per Du)
> - *Hallo Maria, Sie haben* (weiter per Sie)
> - *Hallo Maria, du hast* (weiter per Du)

Bei der Korrespondenz von Juristinnen und Juristen ist die Standardanrede üblich: *Sehr geehrte Frau Dr. Müller,*

Eine modernere Anrede wird im Rechtsbereich derzeit noch wenig verwendet: *Hallo Frau Dr. Müller,*

Völlig veraltet ist die Begrüßungsformel mit ausgeschriebenem akademischen Titel: *Sehr geehrte Frau Doktor,*

In Deutschland werden akademische Titel mittlerweile nur mehr selten verwendet, sogar Ärzte verzichten darauf.

CCM 20 Bezeichnungen für Adressaten
Sie können den Namen Ihrer Organisation in die Kundenbezeichnung integrieren:

- *Kunde*
- *> Kunde des Patentamts/Patentamtskunde/Patentamtspartner*
- *> ÖAMTC-Mitglied*

CCM 21 Verabschiedungsformel
Die Standardformel bei Verabschiedungen lautet: *Freundliche Grüße*

Auch in der Verabschiedungsformel lassen sich Hinweise auf den Absender einbauen. Individuelle Zusätze wie z. B. *Freundliche Grüße aus dem sonnigen Pinzgau* sind bei den meisten Organisationen weniger passend, jedoch z. B. in der Anwaltskorrespondenz mit Klienten möglich. Die ASFINAG (Autobahnen- und Schnellstraßen-Finanzierungs-Aktiengesellschaft) könnte grüßen: *Freundliche Grüße und gute Fahrt!*

CCM 22 Postskriptum
Aus der Direktmarketingforschung weiß man: Was zuletzt steht, wird zuerst gelesen. Ein Postskriptum bietet daher die Möglichkeit, eine wichtige unternehmenstypische Information unterzubringen. Beispiel: *Profitieren Sie von unserem Online-Bonus.*

Besonders geeignet als Postskriptum sind Claims oder Slogans (CCM 5, CCM 6). Das Postskriptum steht nach der Verabschiedungsformel und dem Namen des Absenders, nicht erst am Ende der Signatur, wo es im Browserrahmen verschwinden könnte.

CCM 23 Siezen/Duzen
In Rechtstexten ist Duzen nicht angebracht (Siehe CCM 9).

CCM 24 Wir/ich/es
In Rechtstexten bezeichnet sich der Autor grundsätzlich nicht persönlich mit „ich". Wenn von der Organisation die Rede ist, kann „wir" geschrieben werden.

> **Beispiele**
> - *Ich prüfe Ihren Antrag.*
> - *>Wir prüfen Ihren Antrag.*
>
> Oder neutral:
> - *>Ihr Antrag wird geprüft* (Allerdings ist das eine vermeidbare Passivform).
>
> Oder unter Nennung der Organisationseinheit:
> - *>Unsere Vertragsabteilung prüft Ihren Antrag.*
>
> Auch die Organisation können Sie nennen. Solche Bezeichnungen bieten den höchsten Corporate-Code-Faktor:
> - *>Das XY-Service-Center teilt Ihnen den Termin mit.*

CCM 25 Gendern

Es gibt keine einheitliche Regelung, die für alle Organisationen gültig wäre. Ministerien, Kammern, Regierungsstellen, Behörden und öffentliche Einrichtungen haben jeweils unterschiedliche Regeln definiert. Grundsätzlich lässt sich sagen, dass je emanzipierter eine Organisation sich präsentieren möchte, desto strenger sind die Gender-Richtlinien. Im öffentlichen Bereich und bei NGO's gelten eher strenge Regelungen, während Wirtschaftsunternehmen genderneutrale Sprache im Sinne einer optimalen Lesbarkeit eher vermeiden.

Einige Organisationen verwenden mittlerweile das „gemäßigte Gendern", das ich ursprünglich für eine Versicherung entwickelt habe.

> **Gemäßigtes Gendern**
>
> Chancengleichheit, im Sinn des Leitbilds der D.A.S., beginnt bei der Sprache. Die Lesbarkeit und Verständlichkeit hat aber Priorität. Grundsätzlich wird bei der D.A.S. daher nicht gegendert und es gibt auch kein Binnen-I oder Gender_*.
> - Wir gendern in der direkten Ansprache, z. B.: *Liebe Kundin/Lieber Kunde,*
> - Wir gendern dort, wo eine Steigerung des Frauenanteils wünschenswert ist, z. B.: *eine Technikerin oder ein Techniker*
> - Substantiviertes Partizip: *die Teilnehmenden der gestrigen Schulung*
> - Umschreibung: *Unser IT-Team wird den Fehler beseitigen*

- Umschreibung durch persönliche Anrede: * Unsere Kunden sind geschützt/ > Sie sind geschützt.
- Kein Gendern, wenn die weibliche Form irritierend wäre oder nicht existiert: *Gast, Mitglied, Flüchtling*
- Kein Gendern innerhalb von Komposita: *Arztpraxis, Bürgerbefragung*
- Wir gendern nicht, wenn eine Steigerung des Frauenanteils unerheblich ist und wenn abstrakte Rollen, nicht konkrete Personen, gemeint sind, z. B.: *Lieferanten, Absender*
- Genderhinweis in Publikationen: *Wir meinen, Texte sollen möglichst leicht lesbar sein. Daher beziehen sich alle verwendeten Bezeichnungen auf Frauen und Männer gleichermaßen.*

CCM 26 Typografie und Layout

Bei E-Mails gibt es derzeit technisch nur beschränkte Möglichkeiten für firmentypische Typografie. Empfänger sehen E-Mails in der Schrift, die auf ihrem Computer dafür von der Systemsoftware vorgesehen sind. Grundsätzlich lässt sich sagen, dass Schriften mit Serifen (mit „kleinen Füßchen"), z. B. Times oder Georgia, wahrnehmungspsychologisch als konservativ, aber verlässlich und seriös empfunden werden. Schriften ohne Serifen, z. B. Arial oder Cambria, werden als modern und klar empfunden.

Auch in analogen Briefen empfiehlt sich: Wenn Sie bestimmte Textstellen hervorheben wollen, dann **nur in Fettdruck** (bold). Unterstreichungen sind hässlich (sie durchkreuzen Buchstaben mit Unterlängen) und in E-Mails können sie mit einem Internet-Link verwechselt werden. Im Corporate-Design-Manual einer Organisation sind die Korrespondenz- und Hausschriften genau definiert.

CCM 27 Interpunktion

Fragezeichen und Rufzeichen können persönliche Nähe vermitteln. Aber deren zu viele wirken marktschreierisch. Setzen Sie Fragezeichen und Rufzeichen sparsam ein, nur so entfalten sie ihre Wirkung. Komplexe Texte können durch Aufzählungen in Form von Listen mit Bullet-Points übersichtlicher und damit leichter lesbar gestaltet werden.

Corporate Code gewährleistet also den einheitlichen Sprachstil einer Organisation. Schulungen, E-Learning-Kurse und Manuals sorgen dafür, dass der einheitliche Sprachstil auch von allen Organisationmitgliedern eingehalten wird. Dazu dienen ganztägige

Schreibwerkstätten. Geschult werden grundsätzlich alle Mitarbeitenden. Corporate Code gilt nicht nur im Kundenkontakt, sondern auch in der internen Kommunikation. Die Aktualität der einzelnen Corporate-Code-Marker muss von Redaktionsteams in allen Abteilungen jährlich überprüft werden. Sprache lebt und verändert sich, auch die Sprache von Organisationen.

Sie haben nun Regeln für die Verständlichkeit kennengelernt und gelesen, wie Sie mit sprachlichen Mitteln Ihre Ziele erfolgreich erreichen können. Sie haben die Methode des Corporate Code kennengelernt, mit dessen Hilfe Sie den Sprachstil pflegen können, der zu Ihnen und zu Ihrer Organisation passt. Zahlreiche Praxisbeispiele haben Sie hoffentlich überzeugt, dass es möglich ist, auch komplexe juristische Sachverhalte verständlich und überzeugend zu formulieren.

> **Take away**
>
> Der Unternehmenssprachstil ist ein wichtiger Bestandteil der Corporate Identity. Corporate Code ist ein Methodenset, mit dem Sie einen zu Ihrer Organisation passender Sprachstil entwickeln können. 27 Stilmerkmale (Corporate-Code-Marker) sorgen für Wiedererkennbarkeit und für ein einheitliches Auftreten. Es beginnt bei der Bezeichnung der eigenen Organisation (Legal Name ist nicht immer gleich Brand Name). Auch Leistungen, Produkte, Prozesse und Funktionen werden einheitlich benannt. Corporate Code regelt die interne und externe Kommunikation.

Literatur

Dunkl M (2015) Corporate Code – Wege zu einer klaren und unverwechselbaren Unternehmenssprache. Springer Gabler, Wiesbaden

Hofmann J (2018) Angemessenheit informeller Sprache im Kommunikationsmanagement. Masterarbeit, St. Pölen

Shaw J (2019) Zum Vergessen. Terra Mater, Ausgabe 01/2019, Red Bull Media House, Salzburg

Wikipedia (2021) Schadensersatz. https://de.wikipedia.org/wiki/Schadensersatz. Zugegriffen: 8. Febr. 2021

6
Lösungsteil

Worum geht es?

In diesem Kapitel finden Sie den Lösungsteil für die Übungsbeispiele aus den vorangegangenen Kapiteln. Gehen Sie entspannt damit um, wenn Ihre Lösungsvorschläge anders lauten als die folgenden. Das ist völlig normal. In Schreibwerkstätten finden mehrere Gruppen, die an denselben Texten arbeiten, immer wieder alternative Lösungen. Zum Beispiel müssen Sie manchmal entscheiden, ob Sie das Primat des kurzen Satzes zugunsten einer besseren Verständlichkeit opfern. Das ist der Fall, wenn Sie ein Gerundiv in einen Hauptsatz mit Nebensatz auflösen (Der einzubezahlende Betrag/Der Betrag, der einbezahlt werden muss). Ich wünsche ich Ihnen viel Erfolg und Freude beim Formulieren!

6.1 Lösungen zu den Übungen für verständliche Rechtssprache

Lösungen A – Einfache kurze Sätze

Lösung A 1
Verständlich: > Die XY-Bank AG soll Daten verarbeiten und austauschen dürfen, um unternehmensweit Risiken zu bewerten und zu steuern.
So kann die XY-Bank AG wettbewerbsfähige, maßgeschneiderte und hochwertige Dienstleistungen und Produkte anbieten. Deshalb geben wir folgende Zustimmungserklärungen ab.

Lösung A 2
Verständlich: > Mit dem Ziel, gemeinnützige Organisationen, insbesondere Sportvereine, weiter zu entlasten, haben nochmals Verhandlungen auf Regierungsebene stattgefunden. Es soll zu Entbürokratisierungen kommen, vor allem bei der Registrierkassenpflicht, die durch das StRefG 2015/2016 eingeführt worden war.

Lösung A 3
Verständlich: > Die Mitarbeit von nahen Angehörigen in Familienbetrieben soll unbürokratisch ermöglicht werden. Wenn Familienmitglieder kurzfristig unentgeltlich mithelfen, soll es sich künftig grundsätzlich um kein Arbeitsverhältnis handeln, sondern um „familienhafte Mithilfe".

Lösungen B – Keine Schachtelsätze

Lösung B 1
Verständlich: > Der Kläger begehrt die Feststellung der Solidarhaftung der erstbeklagten Maklerin und des zweitbe-

klagten Rechtsanwalts für einen zukünftigen Schaden. Nur noch dieses Feststellungsbegehren ist im Revisionsverfahren maßgeblich. Der Kläger stützt sich auf einen kausalen Aufklärungsfehler der Beklagten. In dessen Folge habe er (entgegen seiner Erwartung) keine Eigentumswohnung erworben, sondern bloß einen Miteigentumsanteil an einer Liegenschaft.

Lösung B 2
Verständlich: > Art 54 SDÜ (ne bis idem) garantiert einem Betroffenen, dass er sich im Schengen-Gebiet bewegen kann, nachdem er in einem Vertragsstaat verurteilt wurde und die Strafe verbüßt hat oder endgültig freigesprochen wurde. Dabei muss er nicht befürchten, in einem anderen Vertragsstaat wegen derselben Tat verfolgt zu werden.

Lösung B 3
Verständlich: > Art 3 Abs 2 zweiter Satz Dublin III-VO muss so verstanden werden: In Kapitel III sind Kriterien vorgesehen, nach denen festgestellt wird, ob ein anderer Mitgliedstaat zuständig ist. Wenn die Prüfung der Kriterien fortgesetzt wird, muss sie sämtliche Kriterien dieses Kapitels erfassen. Dazu gehört auch das Kriterium in Art 13 Abs 1 Dublin III-VO.

Lösung B 4
Verständlich: > Ein außergewöhnliches, genehmigungsbedürftiges Rechtsgeschäft liegt nach Ansicht des OGH vor, wenn infolge der Abänderung die bestehenden Verpflichtungen der Gesellschaft oder die des Vertragspartners erweitert oder verringert werden.

Lösungen C – Gerundiv und Infinitivkonstruktionen vermeiden

Lösung C 1
Verständlich: > *Die Dokumentation muss in einer gültigen Amtssprache erfolgen.*

Lösung C 2
Verständlich: > *Der Betrag, der noch bezahlt werden muss. Der offene Betrag.*

Lösung C 3
Verständlich: > *... muss das Verwaltungsgericht dafür sorgen, ...*

Lösung C 4
Verständlich: > *Wer Pflanzenschutzmittel in Verkehr bringt, muss die Menge, die Abnehmer und die Vertriebswege aufzeichnen.*

Lösung C 5
Verständlich: > *Die Anschaffungskosten müssen derzeit mit 10 % des Kaufpreises angenommen werden.*

Lösung C 6
Verständlich: > *Jedenfalls ist die folgende Ansicht keine krasse Fehlentscheidung: ...*

Lösung C 7
Verständlich: > *So muss die Richtlinie ausgelegt werden: ...*

Lösungen D – Partizipialkonstruktionen vermeiden

Lösung D 1
Verständlich: > *die Verpflichtungen des Vertragspartners*

Lösung D 2
Verständlich: > *Die Parteien werden alle Informationen, die sie im Zusammenhang mit dem Vertrag erhalten haben, für 2 Jahre nach Vertragsbeendigung geheim halten.*

Lösung D 3
Verständlich: > *Ich stimme zu, regelmäßig Informationen zu erhalten, die auf meine Interessen abgestimmt sind.*

Lösung D 4
Verständlich: > *Der Kläger forderte deshalb, ...*

Lösung D 5
Verständlich: > *Zielt ein Exekutionsantrag auf das Vermögen ab, das von einem anhängigen Abschöpfungsverfahren erfasst wurde, darf er nicht abgewiesen werden, sondern muss bewilligt werden.*

Lösungen E – Präpositionalgefüge vermeiden

Lösung E 1
Verständlich: > *Das Verwaltungsgericht muss dafür sorgen, dass ein Asylwerber sein Recht auf einen Rechtsberater auch tatsächlich beanspruchen kann. Diese Verfahrensgarantien ergeben sich aus dem rechtsstaatlichen Prinzip und aus den einschlägigen unionsrechtlichen Vorschriften.*

Lösung E 2
Verständlich: > *Die Prämien der beantragten Verträge und die Leistungen daraus unterliegen einer Wertanpassung (§ XY unserer Allgemeinen Versicherungsbedingungen).*

Lösungen F – Verbal- statt Nominalstil

Lösung F 1
Verständlich: > *Der Versicherte muss diese Überschreitung nicht mehr glaubhaft machen.*

Lösung F 2
Verständlich: > *Diese Maßnahmen sollen eine hohe Datenqualität gewährleisten, damit wirtschaftliche Eigentümer künftig deutlich einfacher festgestellt und überprüft werden können.*

Lösung F 3
Verständlich: > *Die Ware wurde in der folgenden Woche zugestellt.*

Lösungen G – Aktiv statt passiv

Lösung G 1
Verständlich: > *Wenn Sie nicht der genannte Adressat sind, dürfen Sie diese E-Mail weder anderen Personen zugänglich machen, noch sie kopieren oder zurückbehalten.*

Lösung G 2
Verständlich: > *Ihre Bank hat uns mitgeteilt, dass sie die fällige Prämie nicht abbuchen konnte.*

Lösung G 3
Verständlich: > *Beschlüsse benötigen eine einfache Mehrheit.*

Lösung G 4
Verständlich: > *Die vorbereitende Tagsatzung ist am xx.xx.xxxx, xx.xx bis xx.xx Uhr, in Raum ...*

Lösungen H – Positiv formulieren

Lösung H 1
Verständlich: > *Sie können erst mit dem Bau beginnen, wenn eine Bewilligung nach § XY vorliegt.*

Lösung H 2
Verständlich: > *Überweisen Sie den offenen Betrag unverzüglich, sonst müssen wir ein Mahnverfahren (österr. Mahnklage) gegen Sie einleiten.*

Lösung H 3
Verständlich: > *Ihre Unterschrift fehlt noch.*

Lösung H 4
Verständlich: > *Verlassen Sie das Gelände erst nach Abmeldung.*

Lösung H 5
Verständlich: > *Wir müssen Ihren Vorschlag ablehnen.*

Lösungen I – Keine Floskeln oder veraltete Begriffe

Lösung I 1
Verständlich: > *Bitte informieren Sie uns bis zum XX.XX.XXXX Ansonsten gehen wir davon aus, dass diese Angelegenheit erledigt ist.*

Lösung I 2 > *Wir vertreten Herrn Meyer rechtsfreundlich und berufen uns auf die erteilte Vollmacht.*

6.2 Lösungen zu den Übungen für Empfängerorientierung

Lösungen J – Der richtige Einstieg

Lösung J 1
Empfängerorientiert: > *Sehr geehrter Herr Muster, Sie haben gegen die Firma XY Ansprüche geltend gemacht. Hat der Gegner in der Zwischenzeit bezahlt?*

Lösung J 2
Empfängerorientiert: > *Sehr geehrte Damen und Herren, vielen Dank für Ihren Antrag auf eine XY-Versicherung vom xx.xx.xxxx.*

Lösung J 3
Empfängerorientiert: > *Sie haben einen Schaden gemeldet. Wir möchten ihn korrekt erheben, dazu benötigen wir ...*

Lösungen K – Ihr Gegenüber steht im Mittelpunkt

Lösung K 1
Empfängerorientiert: > *Wir wollen Sie zu Ihren Risiken, Wünschen und Bedürfnissen bestmöglich beraten. Dafür sind wir auf Ihre Unterstützung angewiesen.*

Lösung K 2
Empfängerorientiert: > *Vielen Dank für Ihren Antrag vom xx.xx.xxxx, den wir gerne annehmen. Hier erhalten Sie Ihre Police.*

Lösung K 3
Empfängerorientiert: > *Bitte senden Sie uns Ihre Unterlagen rechtzeitig, damit sie spätestens am ... bei uns einlangen.*

Lösung K 4
Empfängerorientiert: > *Sie und wir verpflichten uns, ...*

Lösungen L – Komplexität anschaulich darstellen

Lösung L 1
Empfängerorientiert: > *In dieser Rechtssache, hat die beklagte Partei die Kanzlei XY aus Wien beauftragt und bevollmächtigt, ihre rechtlichen Interessen zu vertreten. Die beklagte Partei beantragt Folgendes:*
- *Das Vollmachtsverhältnis wird zur Kenntnis genommen.*
- *Sämtliche gerichtlichen Schriftstücke werden ihrem Rechtsvertreter zugestellt.*

Lösung L 2
Empfängerorientiert: > *Das Bezirksgericht für Handelssachen Wien folgt unserem Antrag und verbindet die beiden offenen Verfahren. Dabei ist das Verfahren XYZ führend. Die vorbereitende Tagsatzung ist am XX.XX. XXXX, XX:XX bis XX:XX Uhr, in Raum XXX.*

Lösungen M – Glaubwürdig bleiben, nicht abschwächen

Lösung M 1
Empfängerorientiert: > *Beschwerden können Sie über die auf www.XY.at genannten Kontaktmöglichkeiten direkt an die XY AG richten.*

Lösung M 2
Empfängerorientiert: > *Wir hoffen, diese Informationen haben Ihnen geholfen. Wir wollen Sie gern weiter als zufriedene Kundin in unseren Filialen begrüßen.*

Lösung M 3
Empfängerorientiert: > Wir haben die optimale Strategie für Sie entwickelt.

Lösungen N – Blähsprache

Lösung N 1
Empfängerorientiert: > Sie können Ihre Einwilligung zur Verarbeitung der Daten jederzeit widerrufen.

Lösung N 2
Empfängerorientiert: > Der Gesetzestext wurde weiter präzisiert.

Lösung N 3
Empfängerorientiert: > Nach Art XY besteht ein Risikoausschluss

Lösung N 4
Empfängerorientiert: > Die Rechnungen verstoßen gegen die Regelung.

Lösung N 5
Empfängerorientiert: > XY hat sich bei der Vernehmung ausführlich zu seinen Motiven geäußert.

Lösung N 6
Empfängerorientiert: > Der Beschluss muss geändert werden.

Lösung N 7
Empfängerorientiert: > Den Erwägungen liegt der Gedanke zugrunde ...

Lösung N 8
Empfängerorientiert: > Der Beklagte bestreitet das.

Lösung N 9
Empfängerorientiert: > *Herr XY buchte ein Ticket für eine Reihe von Flügen der Fluglinie AIR XX.*

Lösung N 10
Empfängerorientiert: > *der Hausordnung entsprechend*

Weiterführende Literatur

Deutscher G (2010) Im Spiegel der Sprache. Warum die Welt in anderen Sprachen anders aussieht. Beck, München
Janich N (2013) Werbesprache. Narr/Francke/Attempto, Tübingen
Kastens IE (2008) Linguistische Markenführung. Lit, Berlin
Pennebaker J (2011) The secret live of pronouns. What words say about us. Bloomsbury Press, New York
Sauer N (2002) Corporate Identity in Texten – Normen für schriftliche Unternehmenskommunikation. Logos, Berlin
Walter T (2017) Kleine Stilkunde für Juristen. Beck, München

The manufacturer's authorised representative in the EU is Springer Nature Customer Service Centre GmbH, Europaplatz 3, 69115 Heidelberg, Germany. If you have any concerns regarding our products, please contact ProductSafety@springernature.com

Printed and bound by CPI Group (UK) Ltd, Croydon, CR0 4YY

23/03/2026

02076464-0006